围棋对杀
二选一 从入门到精通
（级位篇）

赵守洵 著

超简单！一学就会
·随书附赠·
60分钟教学视频

人民邮电出版社
北京

图书在版编目（CIP）数据

围棋对杀二选一从入门到精通. 级位篇 / 赵守洵著
. — 北京 ： 人民邮电出版社，2020.8（2022.9重印）
ISBN 978-7-115-53660-0

Ⅰ. ①围… Ⅱ. ①赵… Ⅲ. ①围棋－对局（棋类运动
）－习题集 Ⅳ. ①G891.3-44

中国版本图书馆CIP数据核字(2020)第045821号

免责声明

内 容 提 要

本书是由少儿围棋教育专家、职业五段棋手赵守洵专为围棋初学者创作。本书
按照对杀的思维逻辑，分别介绍了如何找到对杀目标、如何延气与紧气，以及收气
的要点。内容涵盖从围棋入门到业余1级所需要掌握的大部分对杀知识。本书的题目
难度循序渐进，讲解层层推进，以抽丝剥茧的方式为读者梳理出清晰的解题思路，
能够引发思考，开拓思路，帮助读者获得举一反三的学习效果，有效提升棋艺。

◆ 著　　　　赵守洵

责任编辑　裴 倩

责任印制　周昇亮

◆ 人民邮电出版社出版发行　　北京市丰台区成寿寺路 11 号

邮编　100164　电子邮件　315@ptpress.com.cn

网址　https://www.ptpress.com.cn

涿州市京南印刷厂印刷

◆ 开本：880×1230　1/32

印张：6.75　　　　　　　　2020 年 8 月第 1 版

字数：175 千字　　　　　　2022 年 9 月河北第 2 次印刷

定价：35.00 元

读者服务热线：(010)81055296　印装质量热线：(010)81055316
反盗版热线：(010)81055315
广告经营许可证：京东市监广登字 20170147 号

目录

教学视频访问说明

本书提供部分习题的教学视频，您可以通过微信中"扫一扫"的功能，扫描本页的二维码进行观看。

步骤 1 点击微信聊天界面右上角的"+"，弹出功能菜单（如图 1 所示）。

步骤 2 点击弹出的功能菜单中的"扫一扫"进入功能界面，扫描本页的二维码。

步骤 3 如果您未关注"人邮体育"公众号，在第一次扫描后会出现"人邮体育"的二维码（如图 2 所示）。关注"人邮体育"公众号之后，点击"资源详情"（如图 3 所示）即可观看教学视频。

如果您已经关注了"人邮体育"微信公众号，扫描后可以直接观看教学视频。

图 1

图 2

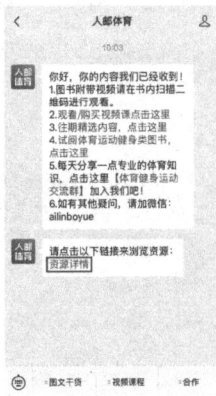

图 3

第1章
和谁对杀

本章的重点是找到对杀的目标。初学者在对局中经常出现的一个错误就是找不到重点，去吃一些不重要的棋子，而放过了重要的"棋筋"。这是我们学习对杀时首先要解决的问题。

小贴士

想要找到重要的"棋筋"，先要找到自己危险的棋子，然后看一看，怎样能解救它们。两个关键的要素：对杀目标要和自己危险的棋子相关，不然便是废子，而不是"棋筋"；棋子的气要刚好可以杀掉，不然即使是"棋筋"，我们也无可奈何。本章题目不多，快来挑战吧！

第1题（黑先）

难度：★

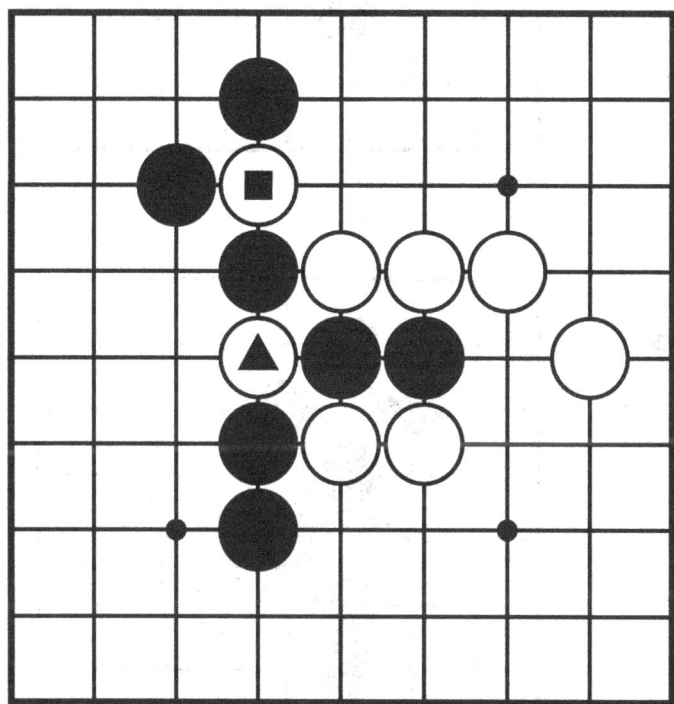

请找到要进攻的棋子，并在正确选项后面的括号中画「∨」。

▲（　　）　　■（　　）

○

黑1选择正确。吃
掉白棋筋后，可
以解救黑棋两子。

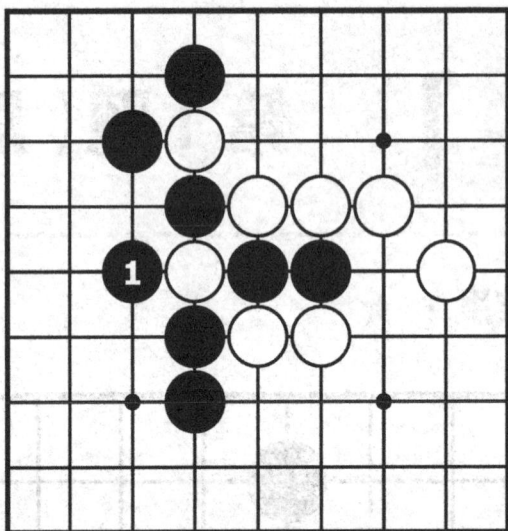

错解

×

黑1选择错误。
白2后，黑棋两
子被吃。

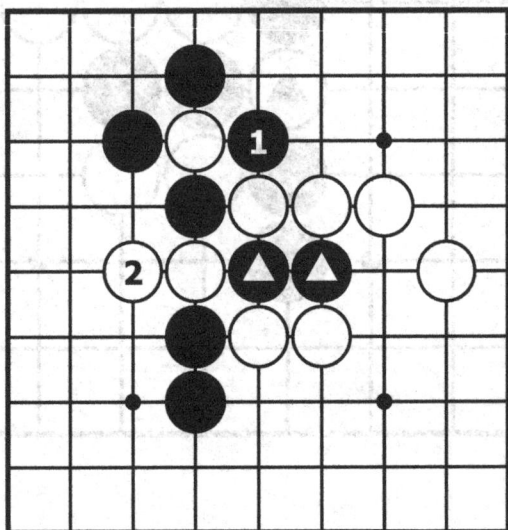

2 第2题（黑先）

难度：★

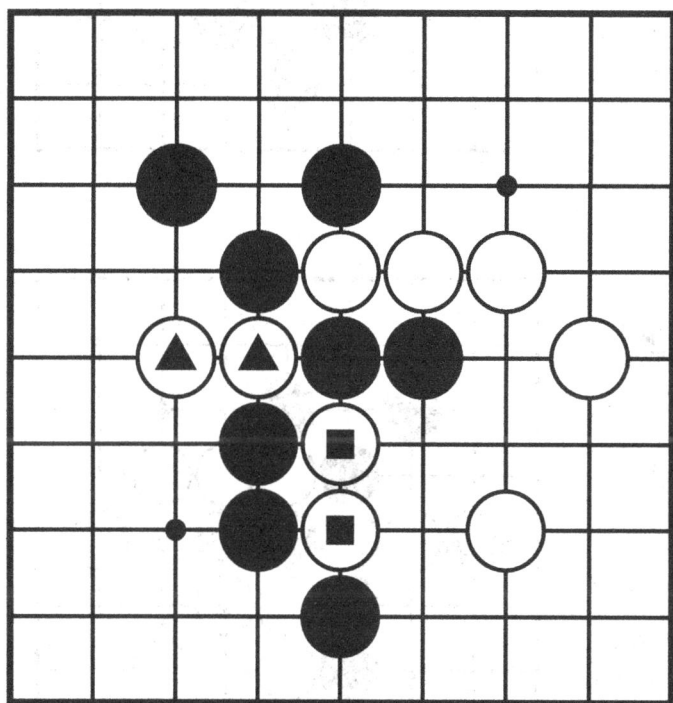

请找到要进攻的棋子，并在正确选项后面的括号中画「√」。

▲（　　）　■（　　）

正解

◯

黑1选择正确。吃
掉白棋筋后，可
以解救黑棋两子。

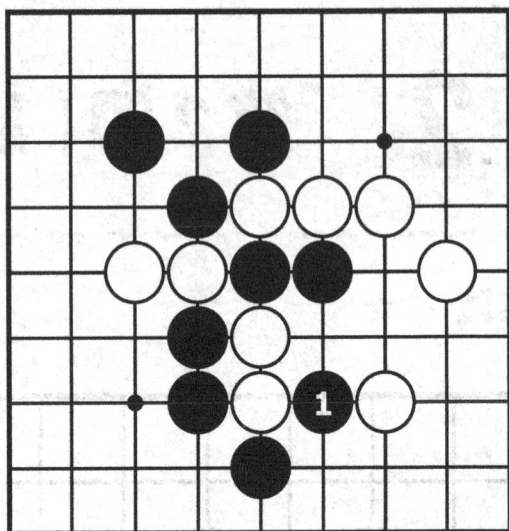

错解

✕

黑1选择错误。
白2后，黑棋两
子被吃。

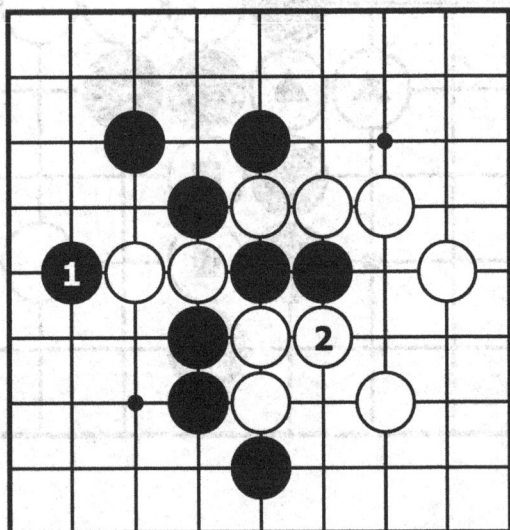

3 第3题（黑先）

难度：★

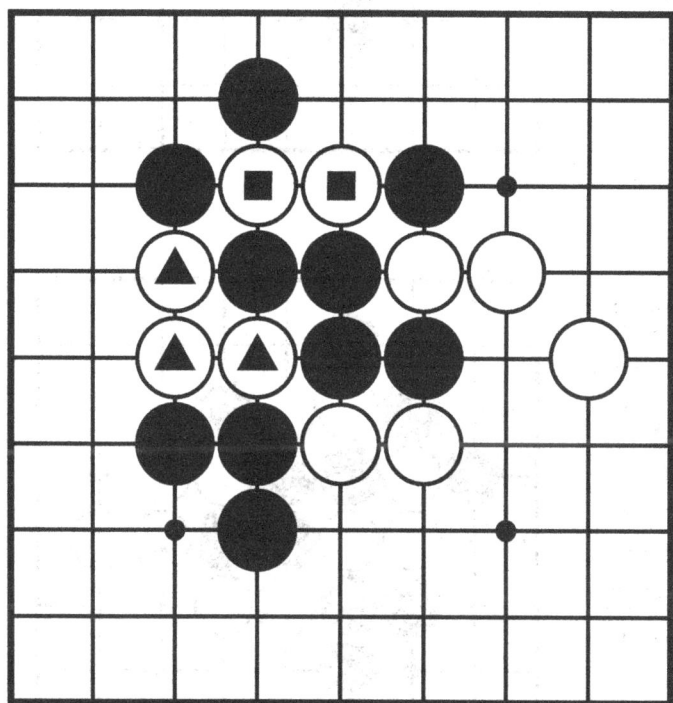

请找到要进攻的棋子，并在正确选项后面的括号中画「√」。

▲（　　）　　■（　　）

正解

◯

黑1选择正确。吃
掉白棋筋后，可
以解救黑棋4子。

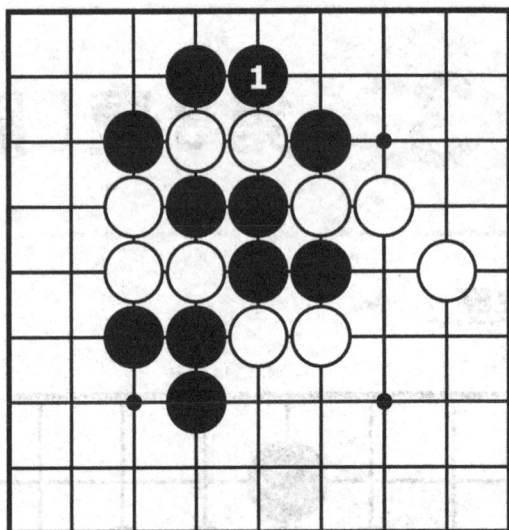

错解

✕

黑1选择错误。
白2后，黑棋4
子被吃。

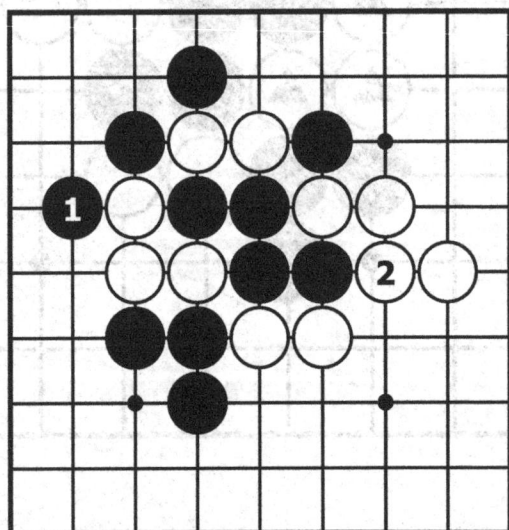

4 第 4 题（白先）

难度：★

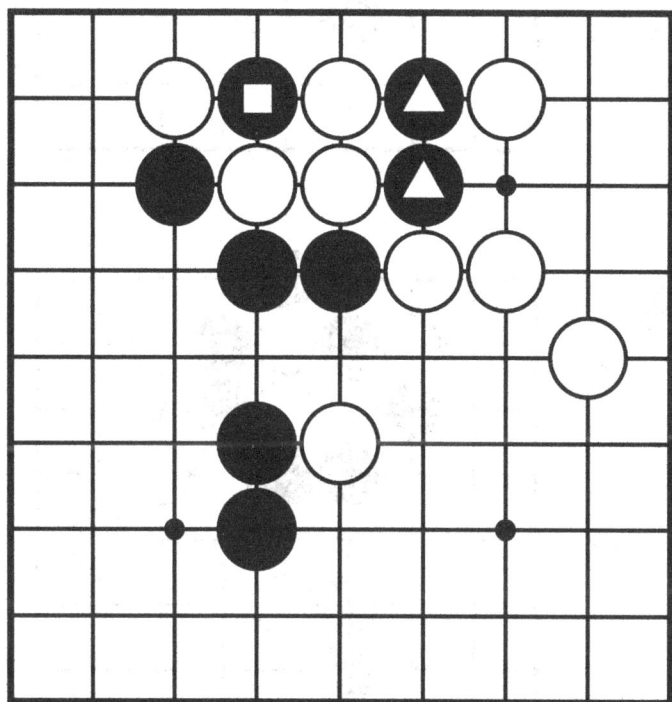

请找到要进攻的棋子，并在正确选项后面的括号中画「∨」。

▲（　　　）　　■（　　　）

正解

○

白1选择正确。
吃掉黑棋一子
后，可以解救白
棋3子。

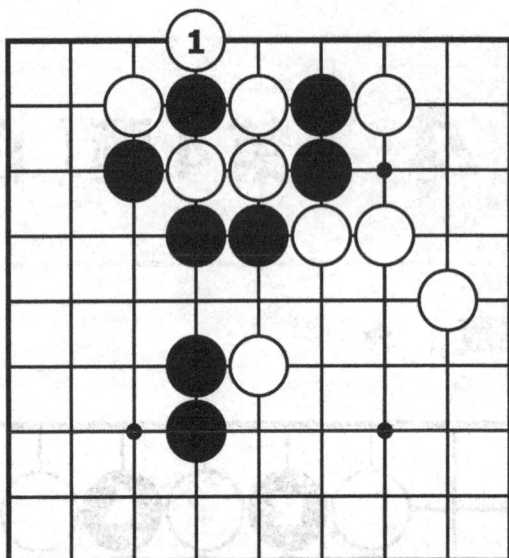

错解

✕

白1选择错误。
黑2后，白棋3
子被吃。

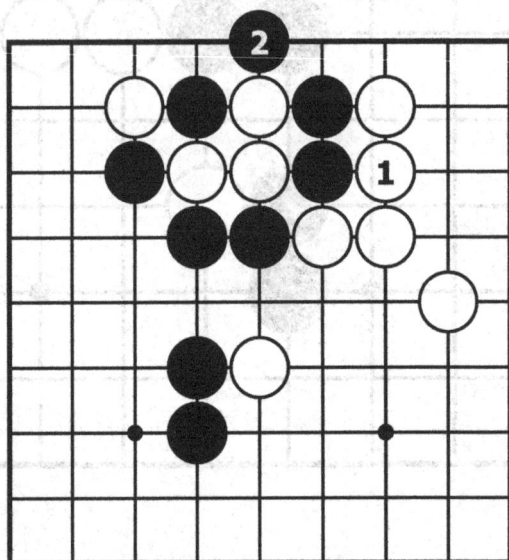

5 第5题（白先）

难度：★

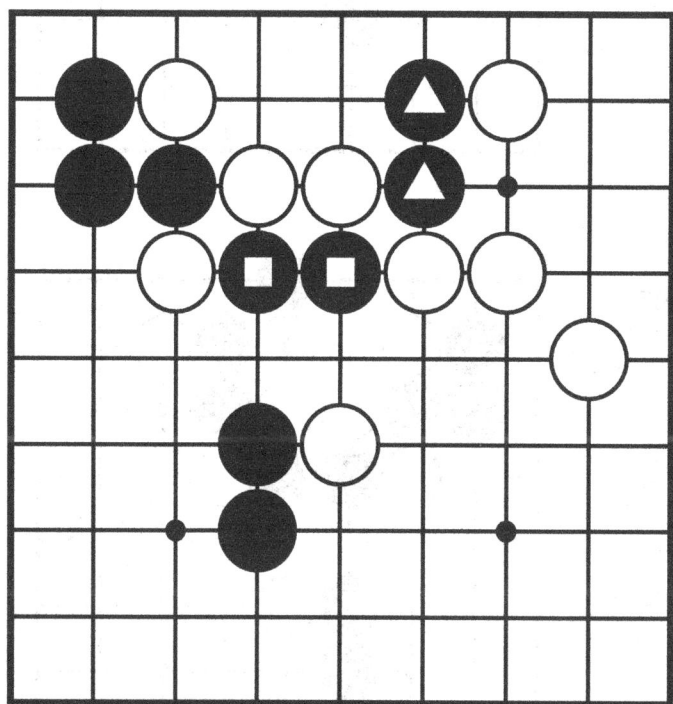

请找到要进攻的棋子，并在正确选项后面的括号中画「√」。

▲（　　　）　■（　　　）

正解

○

白1选择正确。
吃掉黑棋两子后，
可以解救白棋上
方棋子。

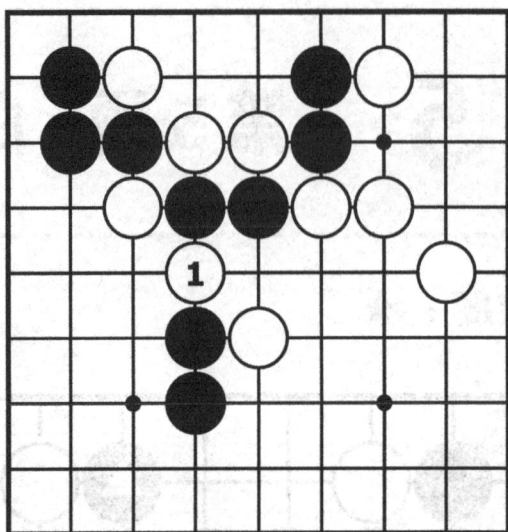

错解

✕

白1选择错误。
黑2后，白棋3
子被吃。

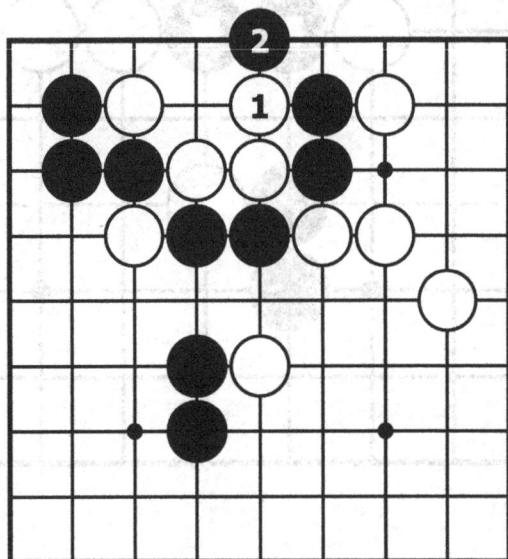

6 第 6 题（白先）

难度：★ ★

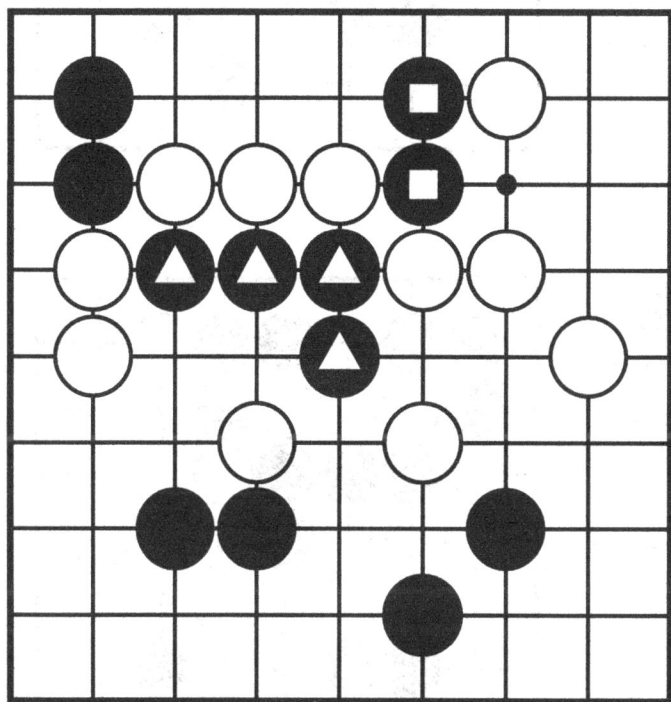

请找到要进攻的棋子，并在正确选项后面的括号中画「∨」。

▲（　　　）　　■（　　　）

正解

〇

白 1 选择正确。
可以吃掉黑棋两
子，解救自己的
3 颗棋子。

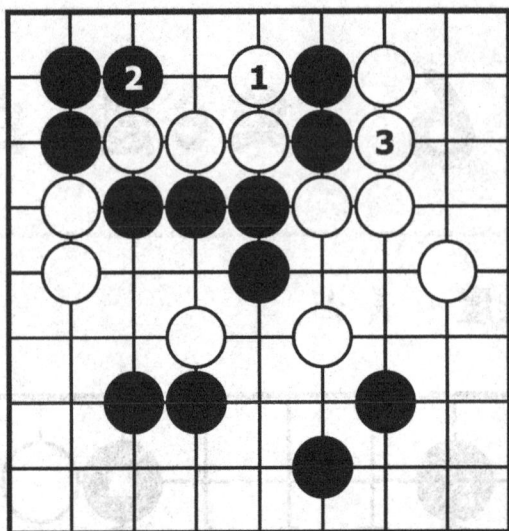

错解

✕

白 1 选择错误。
黑 2 后，白棋 3
子被吃。

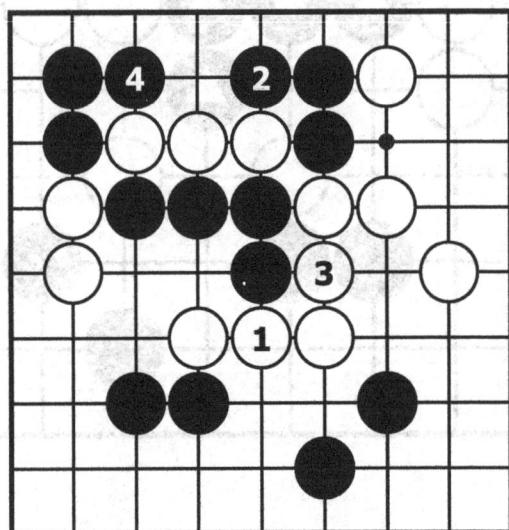

7 第7题（黑先）

难度：★★

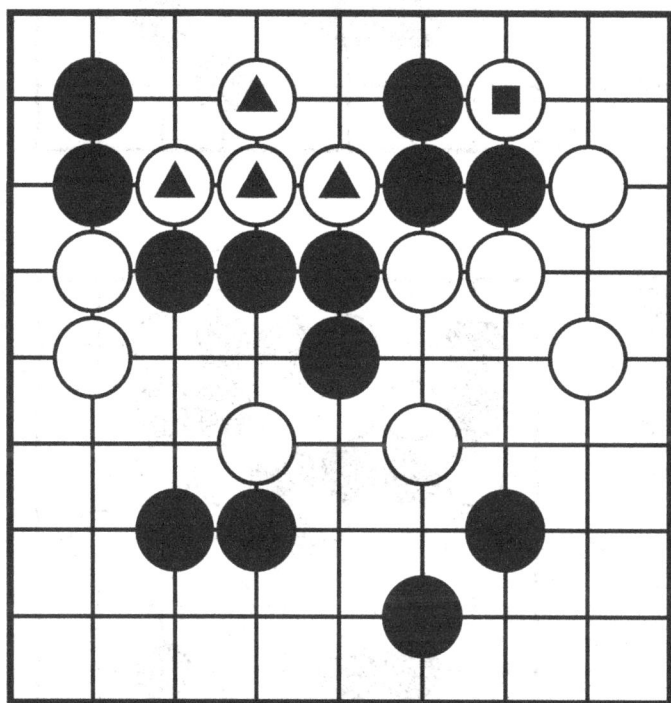

请找到要进攻的棋子，并在正确选项后面的括号中画「∨」。

▲（　　　）　　■（　　　）

正 解

〇

黑 1 选择正确。
吃掉白棋一子后，
黑棋自身可以延
气，对杀能取得
胜利。

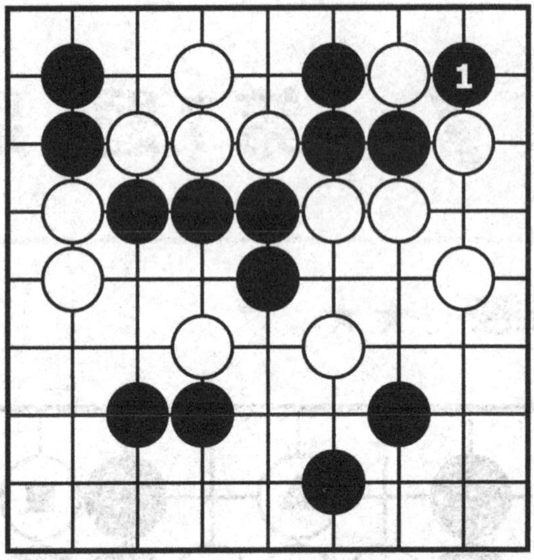

错 解

✕

黑 1 选择错误。
白 2 后，黑棋 4
子被吃。

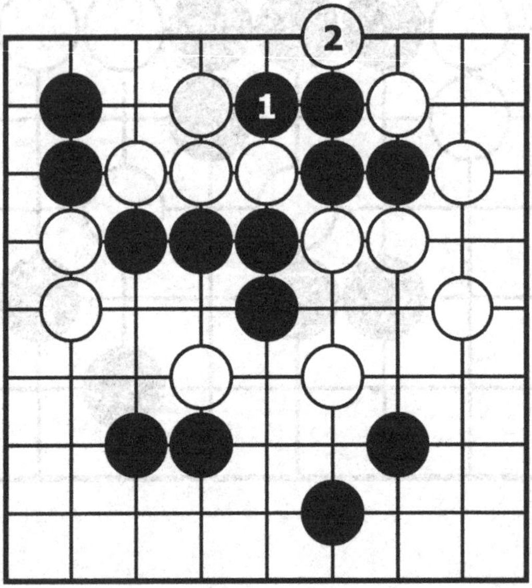

8 第8题（黑先）

难度：★★

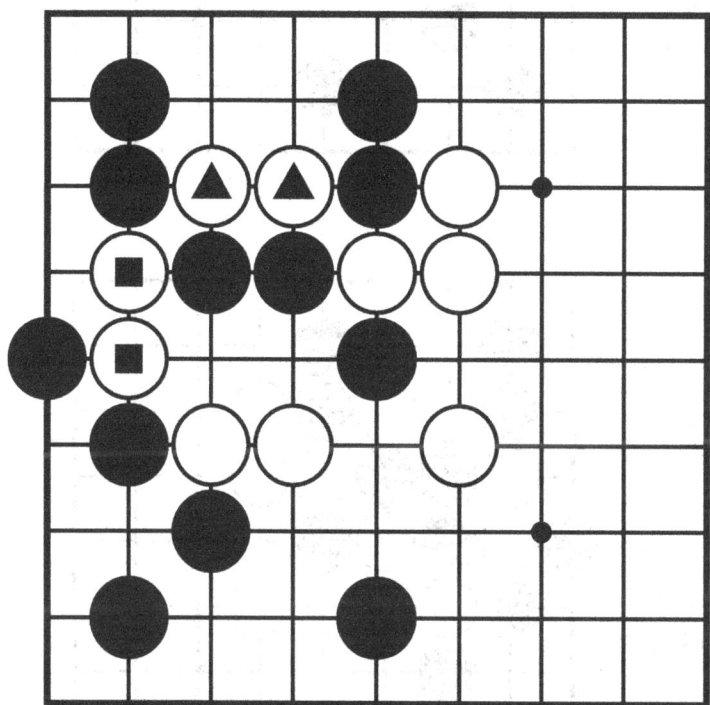

请找到要进攻的棋子，并在正确选项后面的括号中画「√」。

▲（　　）　■（　　）

正解

○

黑1选择正确。吃
掉白棋筋后，可以
解救黑棋两子。

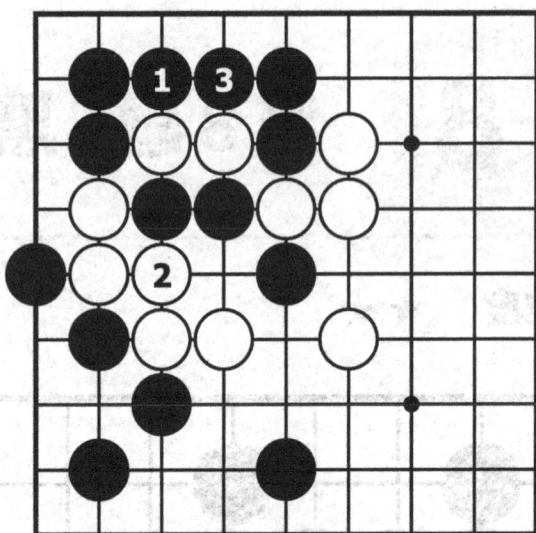

错解

✕

黑1选择错误。
白2后，黑棋3子
被吃。

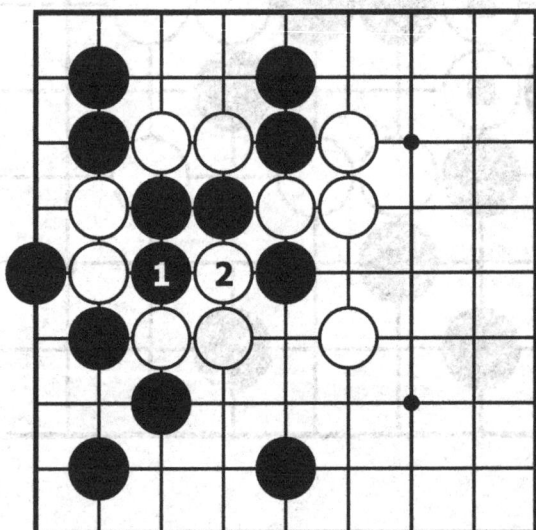

9

第9题（黑先）

难度：★★

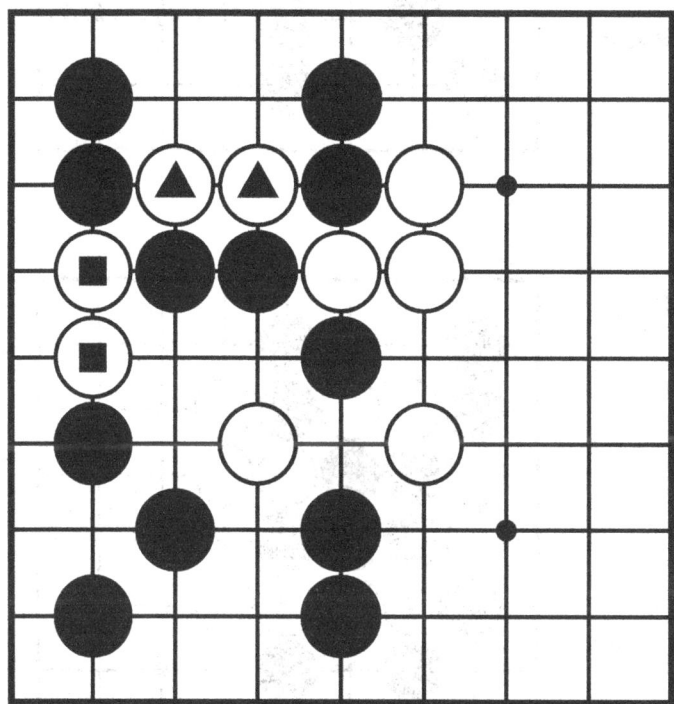

请找到要进攻的棋子，并在正确选项后面的括号中画「∨」。

▲（　　）　　■（　　）

正解

⭕

黑1选择正确。吃
掉白棋筋后，可
以解救黑棋两子。

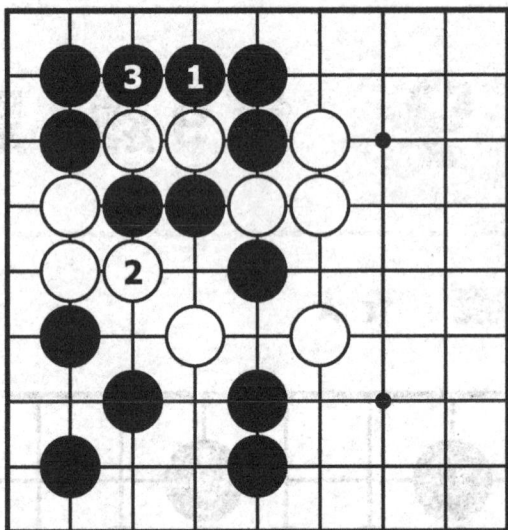

错解

❌

黑1选择错误。
白2后，黑棋5
子被吃。

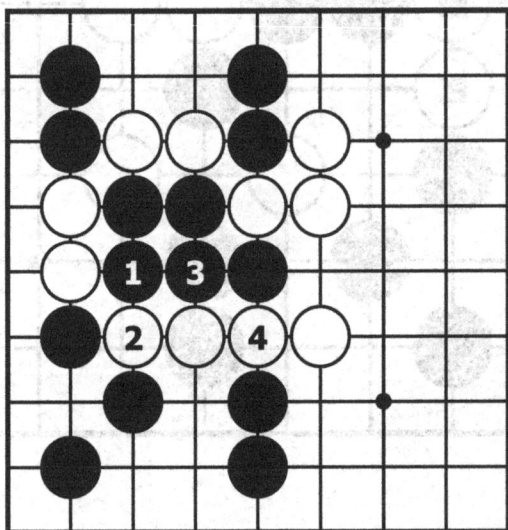

10 第10题（白先）

难度：★★★

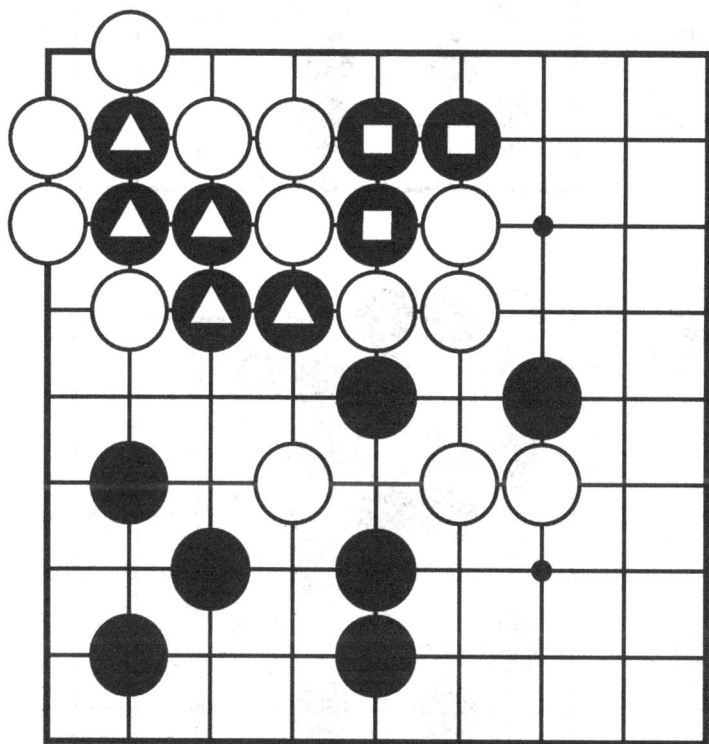

请找到要进攻的棋子，并在正确选项后面的括号中画「∨」。

▲（　　） ■（　　）

正解

◯

白1选择正确。
以下变化有些复
杂，最终可以吃
掉黑棋5子棋筋。

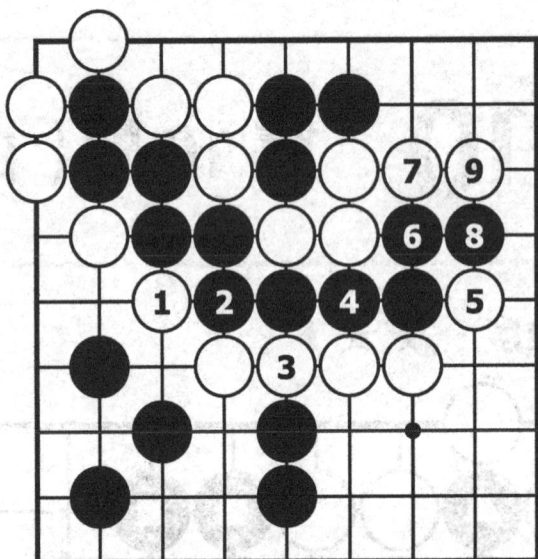

错解

✕

白1选择错误。
黑2后，白棋3
子被吃。

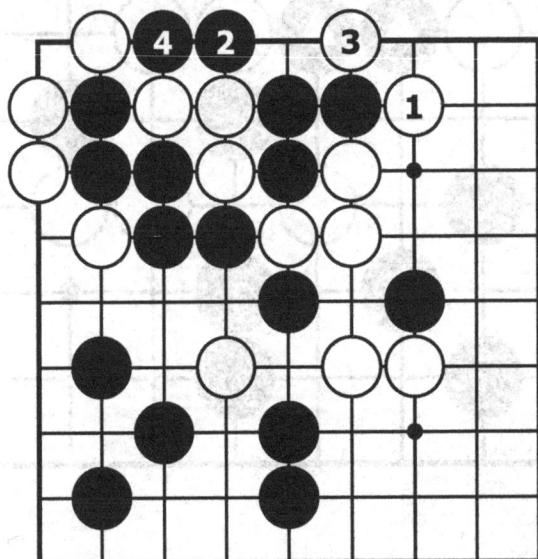

26

第2章
了解气

2.1　延气与紧气

本节主要学习如何延气和如何紧气的问题。有些题目难度较大，有些题目需要耐心思考，但万变不离其宗，主题都是在"气"上做文章。

第1题（黑先）

难度：★

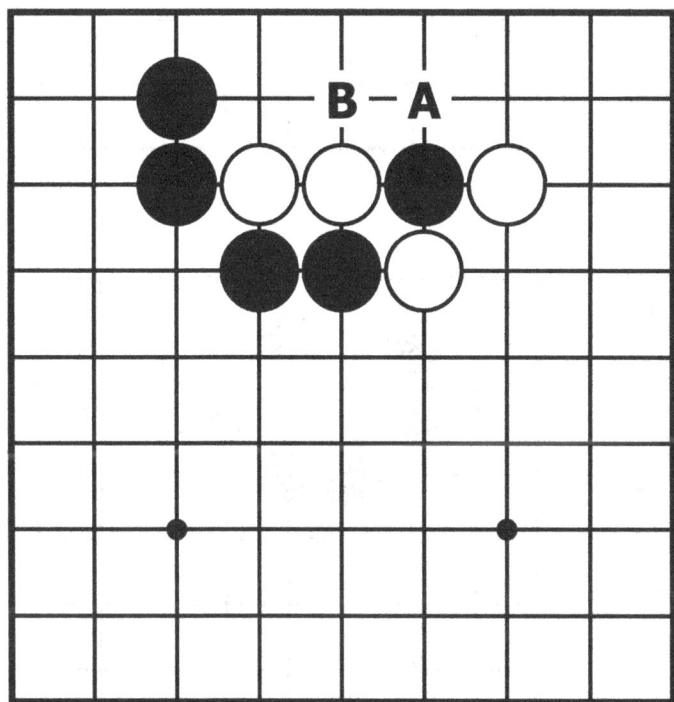

仔细观察，找到适当的落点，并在正确选项后面的括号中画「√」。

A（　　）　　B（　　）

正解

○

黑1选择正确。
先延气，再吃掉
白棋。

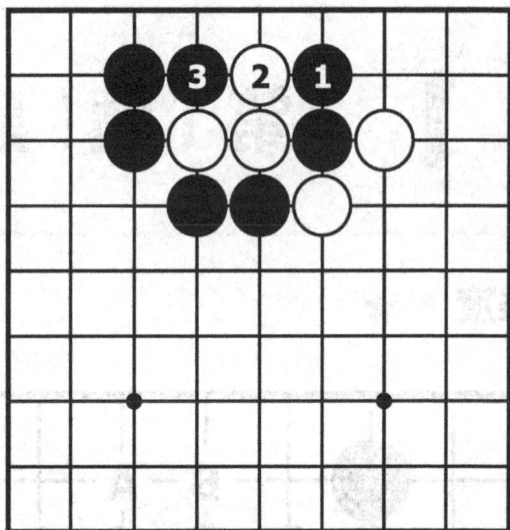

错解

✕

黑1选择错误。
直接收气显然不
行。白2后，黑
棋一子被吃。

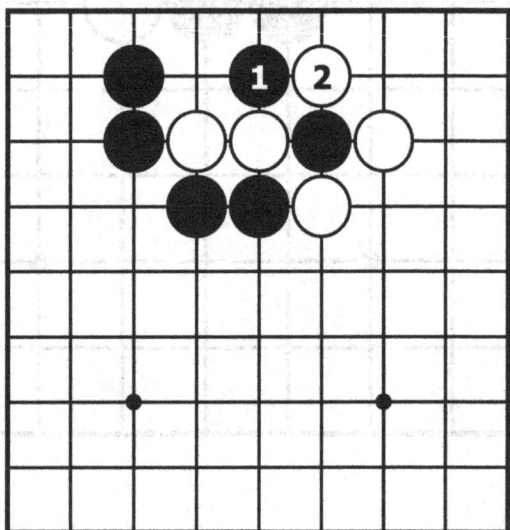

2 第2题（黑先）

难度：★

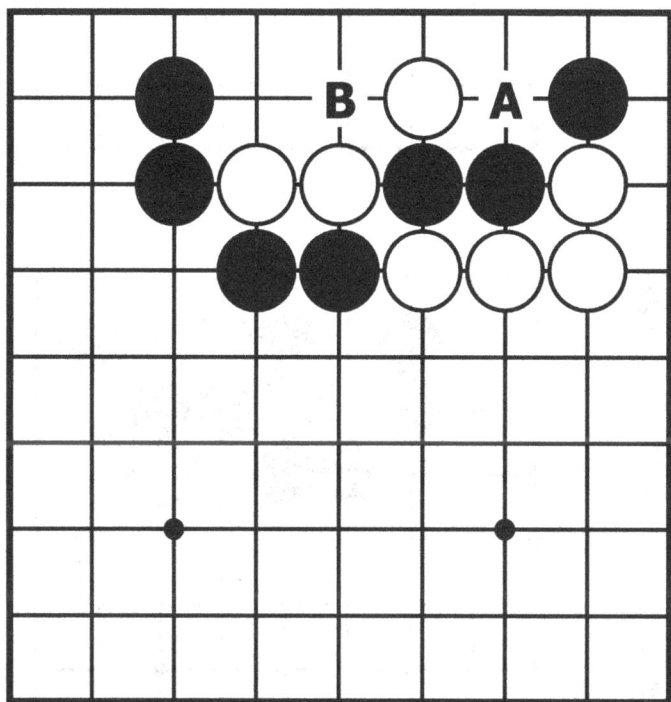

仔细观察，找到适当的落点，并在正确选项后面的括号中画「√」。

A（　　） B（　　）

正 解

○

黑 1 选择正确。
先延气，再吃掉
白棋。

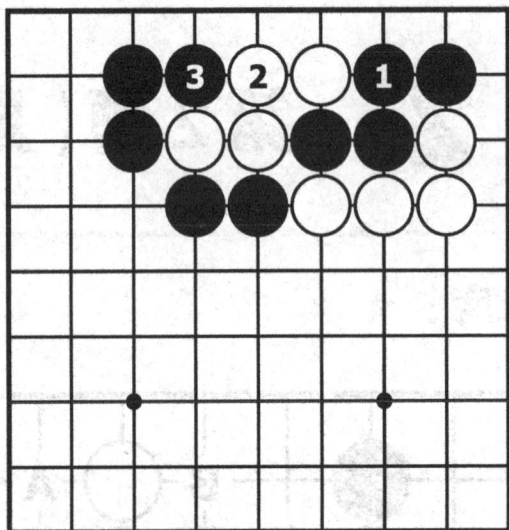

错 解

✕

黑 1 选择错误。
直接收气显然不
行。白 2 后，黑
棋两子被吃。

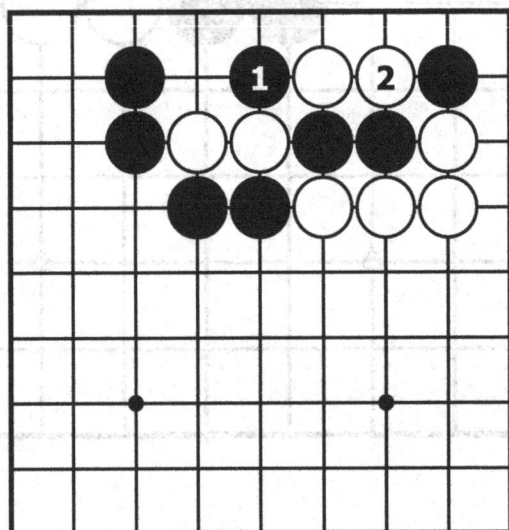

3 第 3 题（黑先）

难度 ： ★

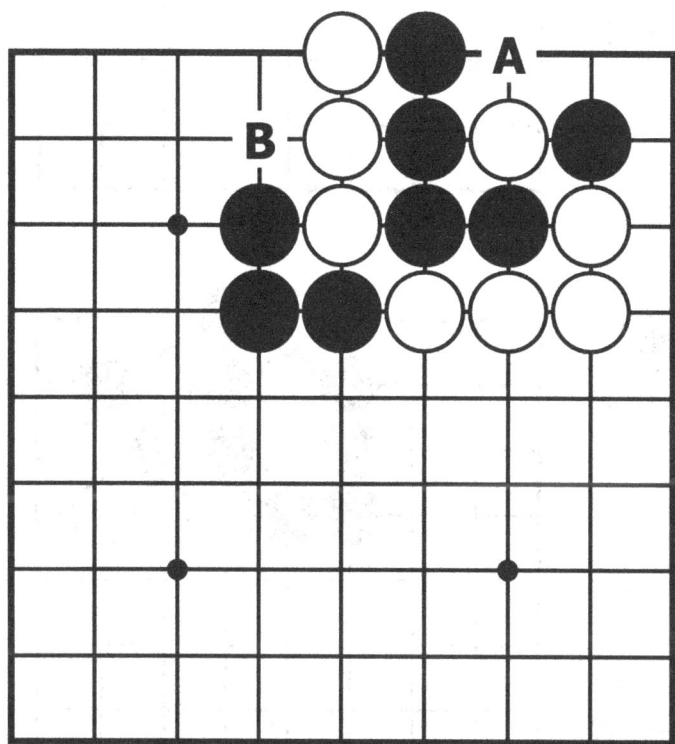

仔细观察，找到适当的落点，并在正确选项后面的括号中画「∨」。

A （　　） 　　 B （　　）

正解

◯

黑1选择正确。
先延气，再吃掉
白棋。

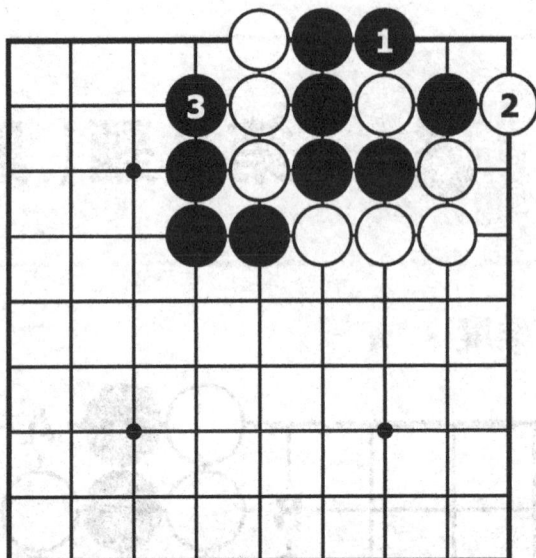

错解

✕

黑1选择错误。
直接收气显然不
行。白2后，黑
棋4子被吃。

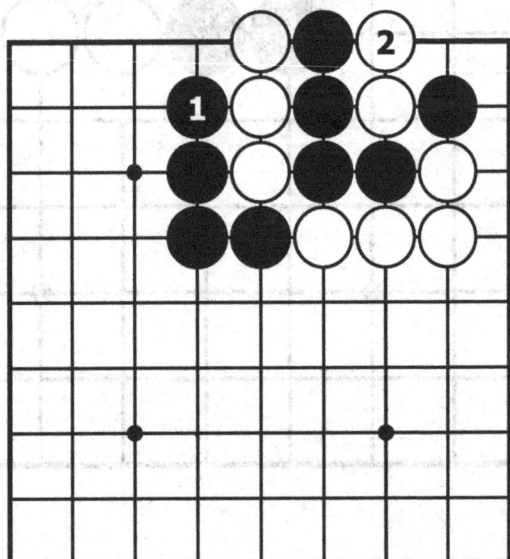

4 第4题（黑先）

难度：★

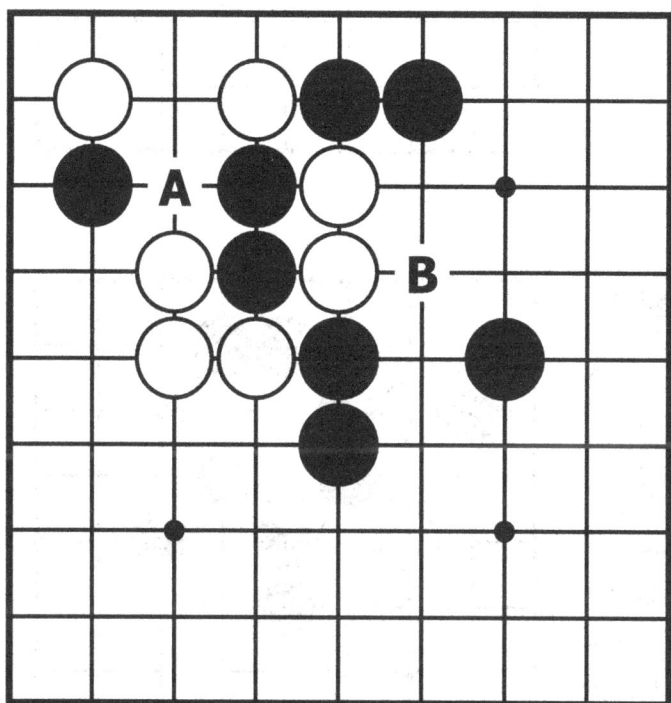

仔细观察，找到适当的落点，并在正确选项后面的括号中画「✓」。

A（　　）　　B（　　）

正解

◯

黑 1 选择正确。
先延气，再吃掉
白棋。

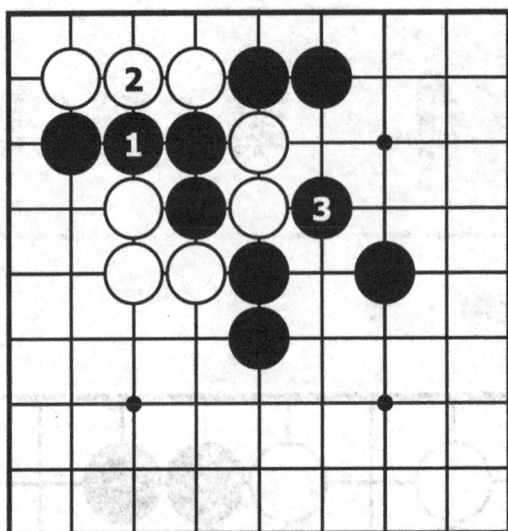

错解

✕

黑 1 选择错误。
直接收气显然不
行。白 2 后，黑
棋两子被吃。

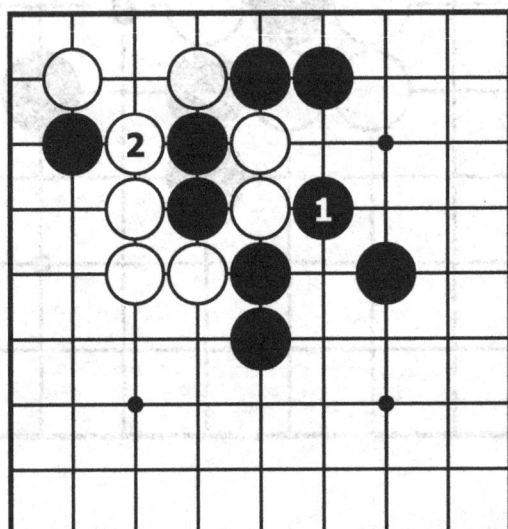

5

第5题（黑先）

难度：★★

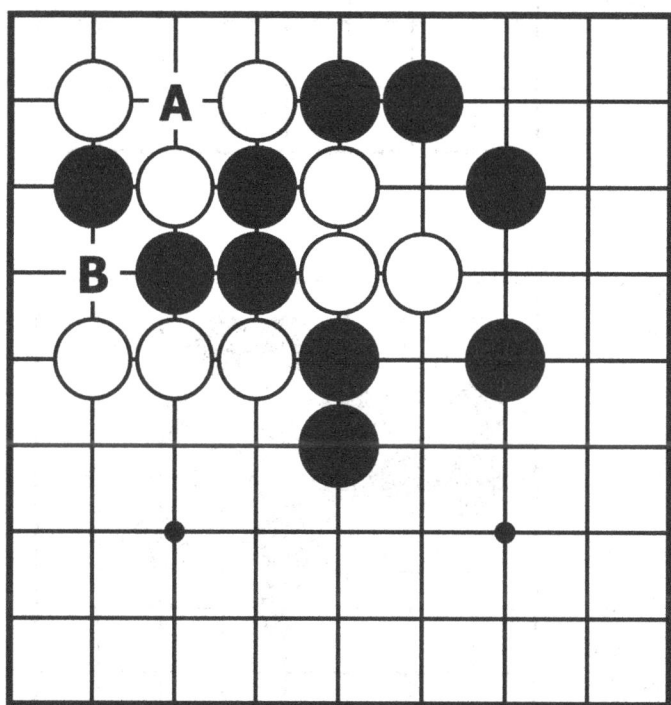

仔细观察，找到适当的落点，并在正确选项后面的括号中画「∨」。

A（　　） B（　　）

正解

○

黑1选择正确。
吃掉白棋筋便可。

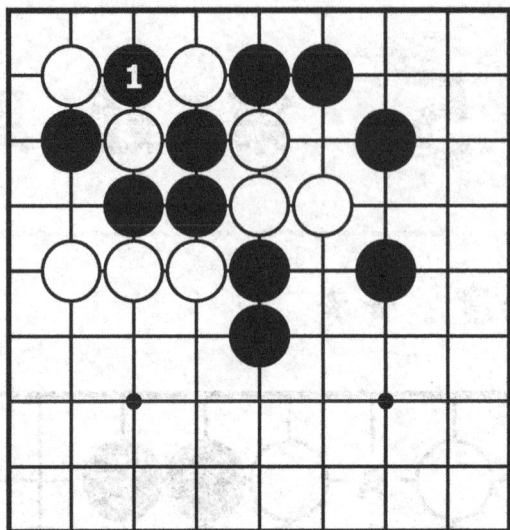

错解

✕

黑1选择错误。
看似长气,其实
没有解决问题。
白2后,黑棋5
子被吃。

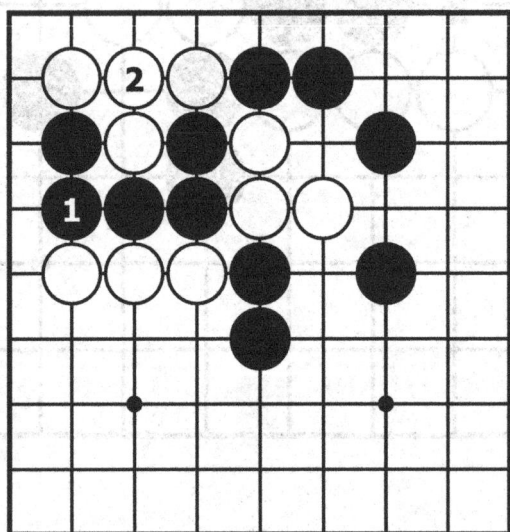

6 第 6 题（黑先）

难度：★★

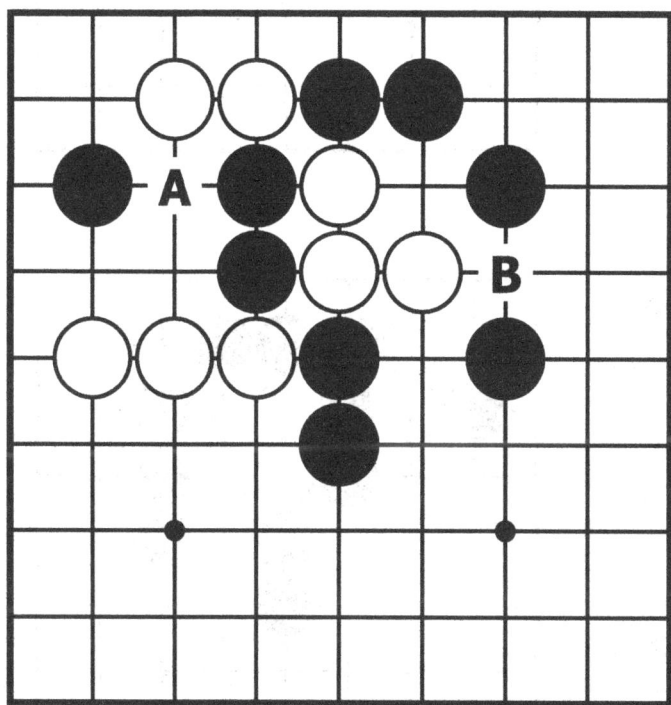

仔细观察，找到适当的落点，并在正确选项后面的括号中画「∨」。

A（ ） B（ ）

正解

○

黑 1 选择正确。
先延气，再吃掉
白棋。

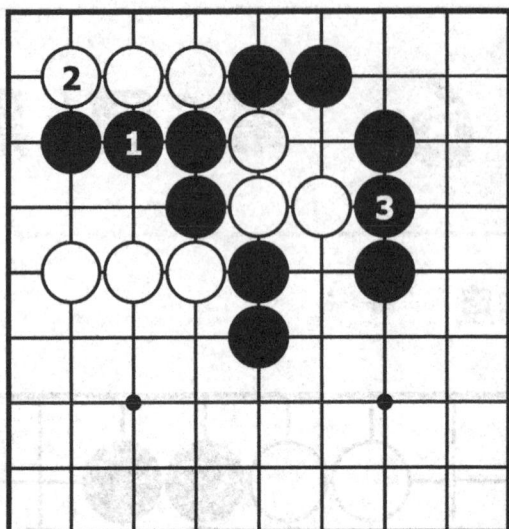

错解

×

黑 1 选择错误。
直接收气显然不
行。白 2 后，黑
棋两子被吃。

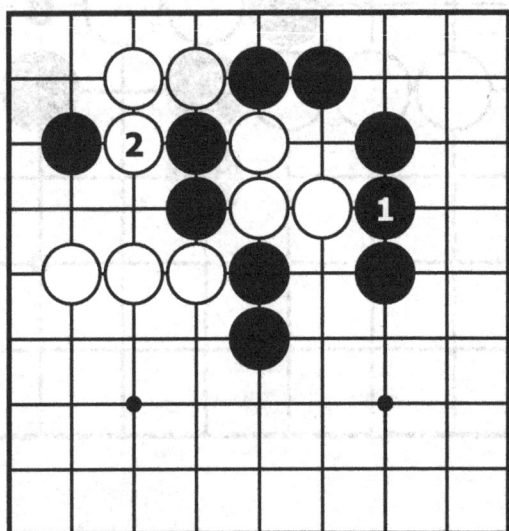

7 Q　第7题（黑先）

难度：★★

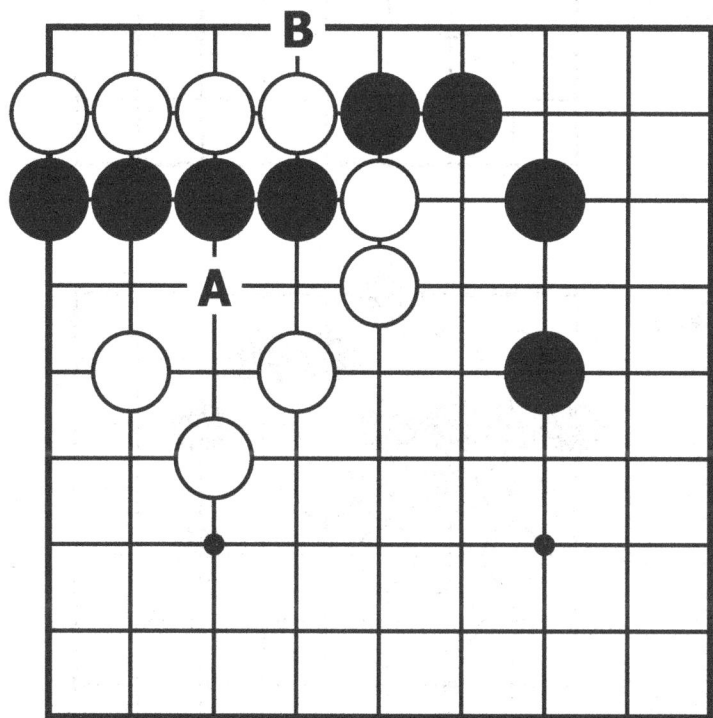

A（　　）　　B（　　）

正解

◯

黑 1 选择正确。
直接收气便可吃
掉白棋。

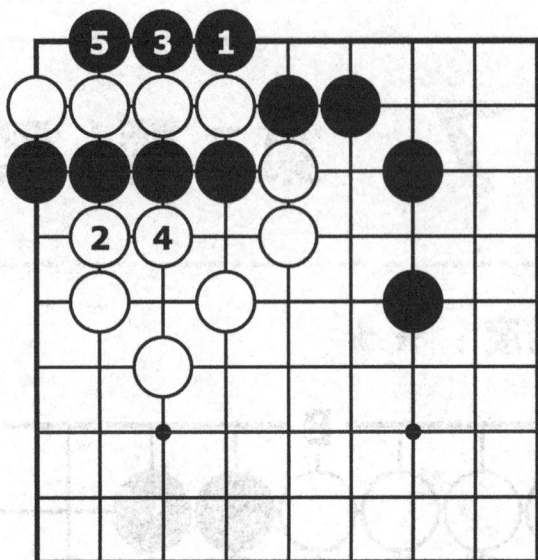

错解

✕

黑 1 选择错误。
此处并没有延气。
白 2 后，黑棋 5
子被吃。

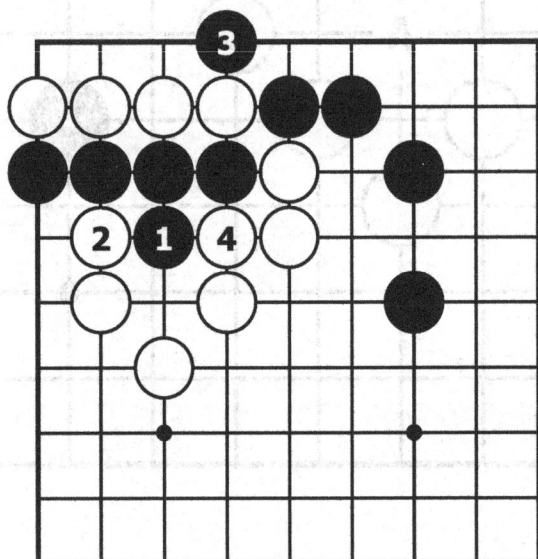

8 第8题（黑先）

难度：★★

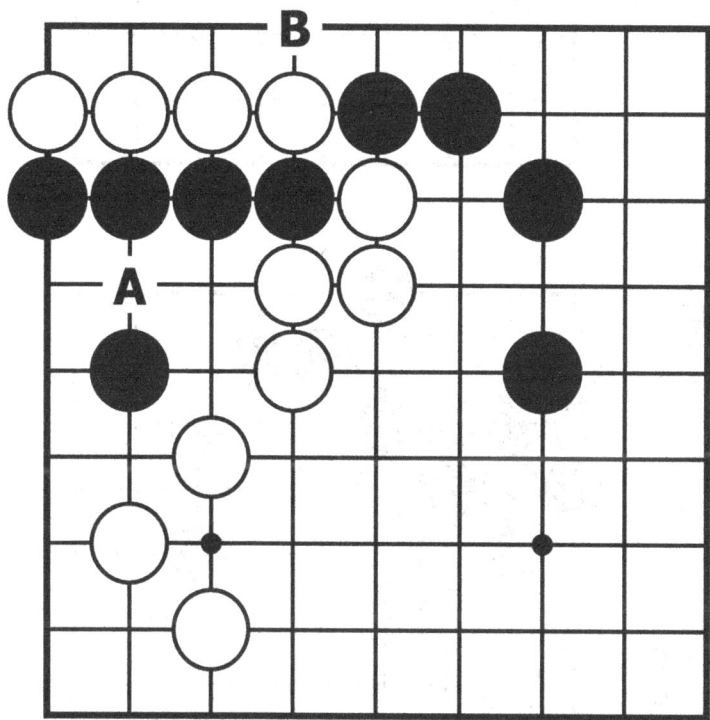

A（　　）　　B（　　）

正解

〇

黑 1 选择正确。
先延气，再吃掉
白棋。

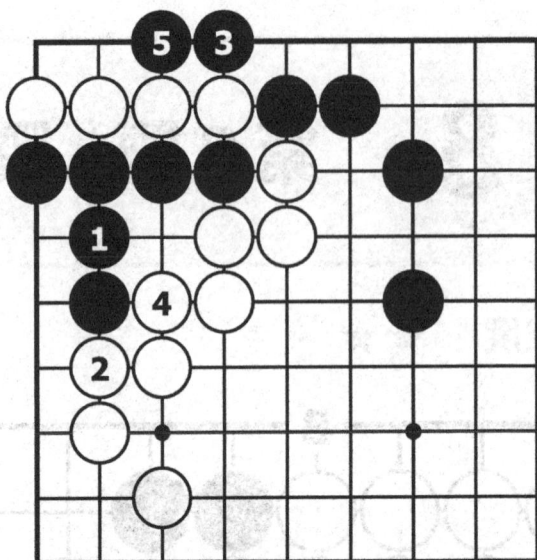

错解

✕

黑 1 选择错误。
直接收气显然不
行。白 2 是手筋，
黑棋整体被吃。

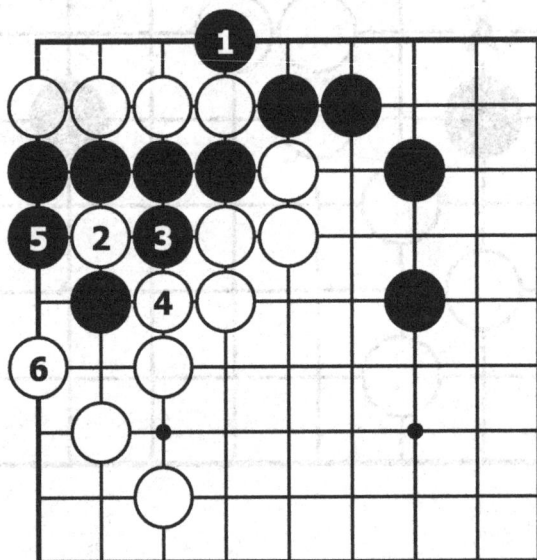

9 第9题（黑先）

难度：★ ★ ★

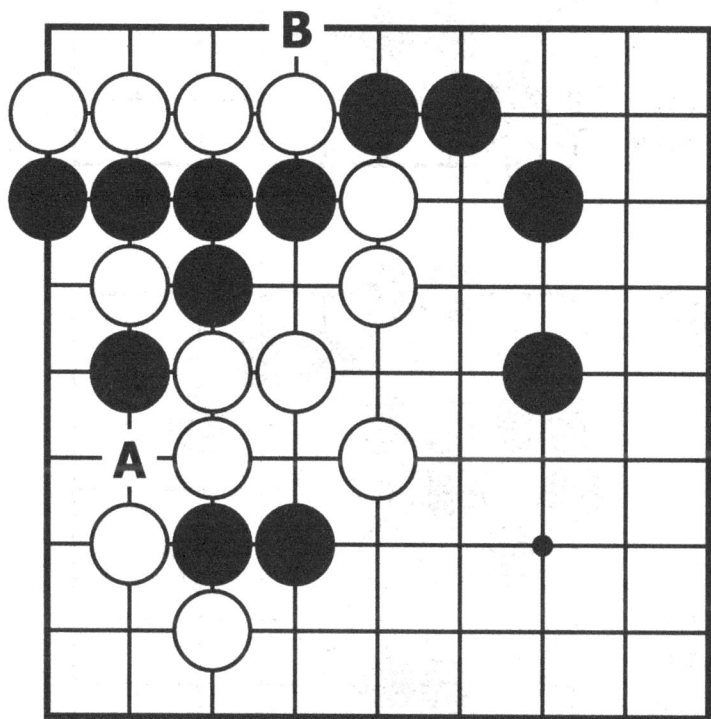

仔细观察，找到适当的落点，并在正确选项后面的括号中画「∨」。

A（　　）　　B（　　）

正解

○

黑1选择正确。
此处变化有点复
杂，黑棋可以通
过角部特殊性进
行延气，再吃掉
白棋。

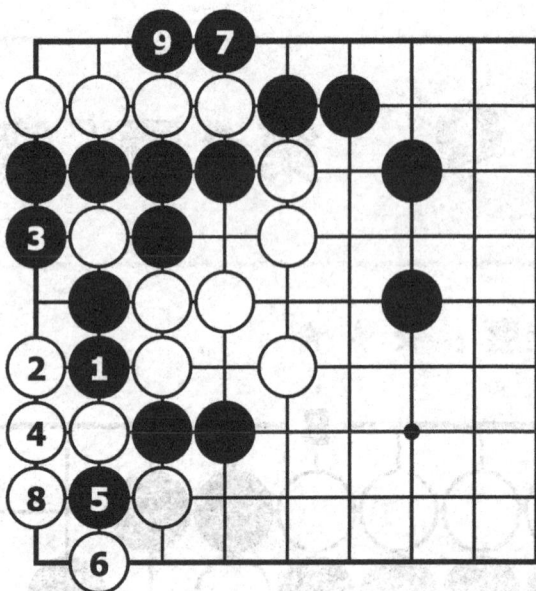

错解

✕

黑1选择错误。
直接收气显然不
行。白2是手筋，
黑棋整体被吃。

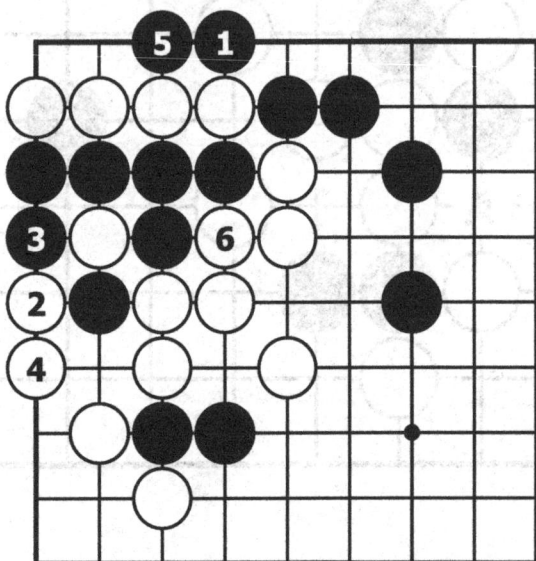

10 第10题（黑先）

难度：★★

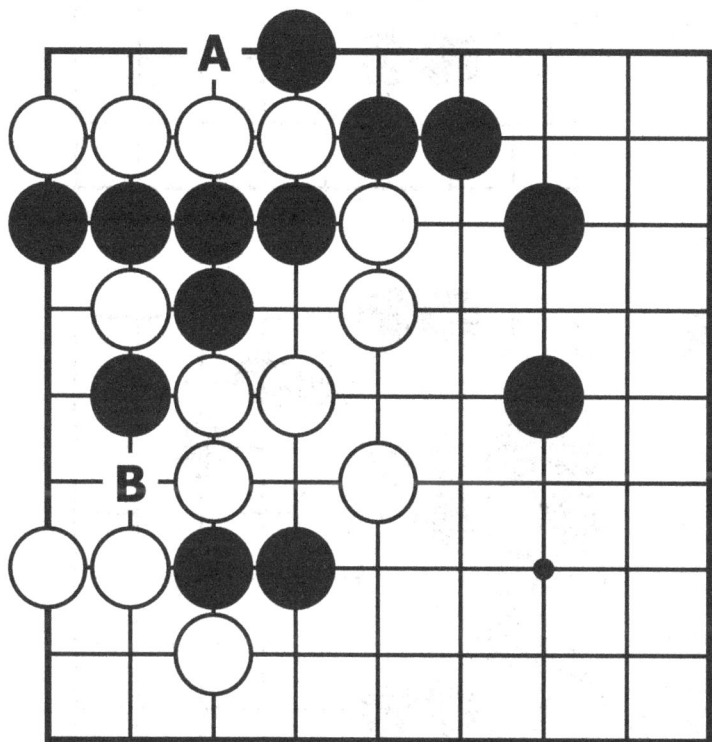

仔细观察，找到适当的落点，并在正确选项后面的括号中画「√」。

A（　　） B（　　）

正解

◯

黑 1 选择正确。
直接收气便可吃
掉白棋。

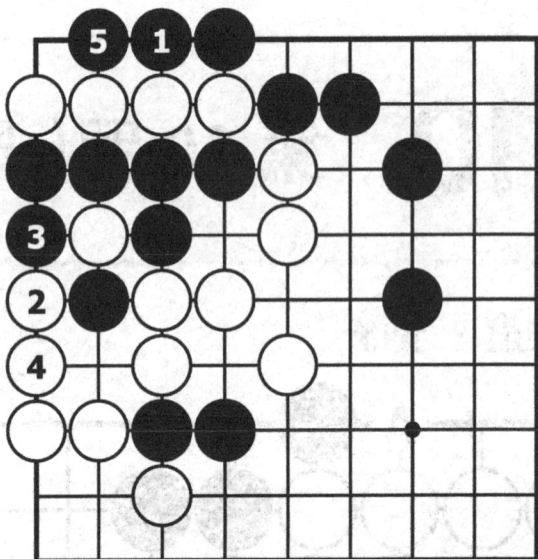

错解

✕

黑 1 选择错误。
此处并没有延气，
白 2 是手筋，黑
棋整体被吃。

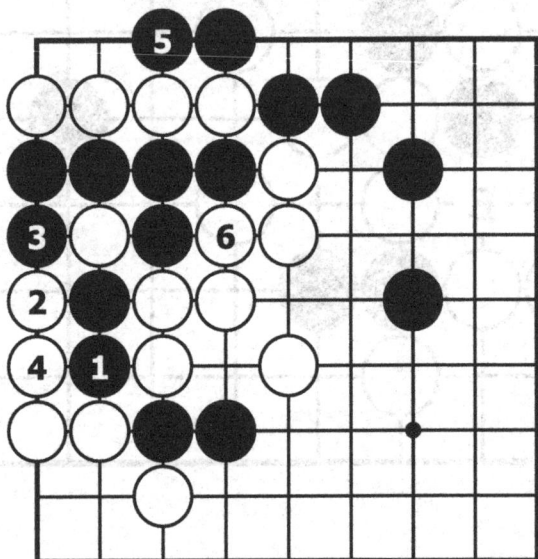

Q 11 第 11 题（黑先）

难度：★★

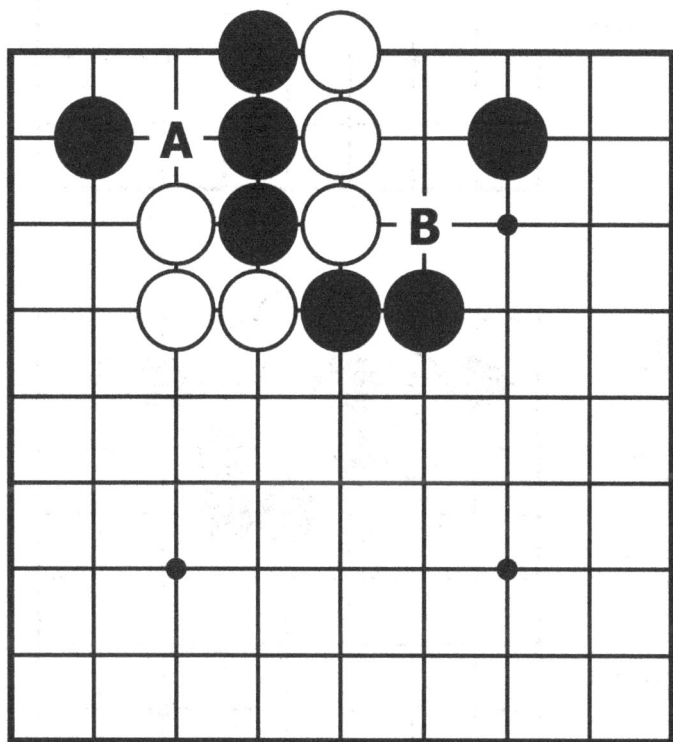

仔细观察，找到适当的落点，并在正确选项后面的括号中画「✓」。

A（　　）　　B（　　）

正解

◯

黑 1 选择正确。
先延气，再吃掉
白棋。

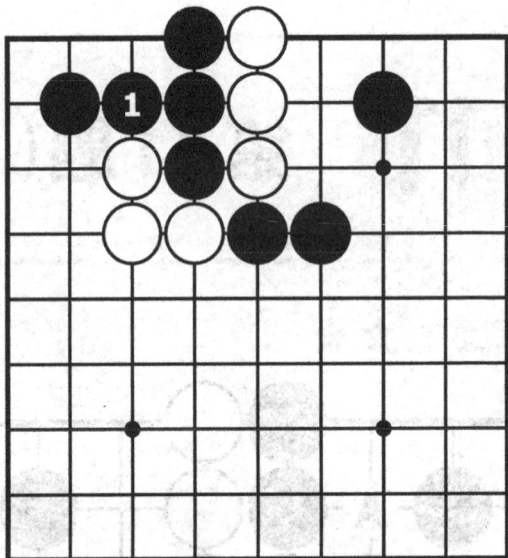

错解

✕

黑 1 选择错误。
直接收气显然不
行。白 2 后，黑
棋 3 子被吃。

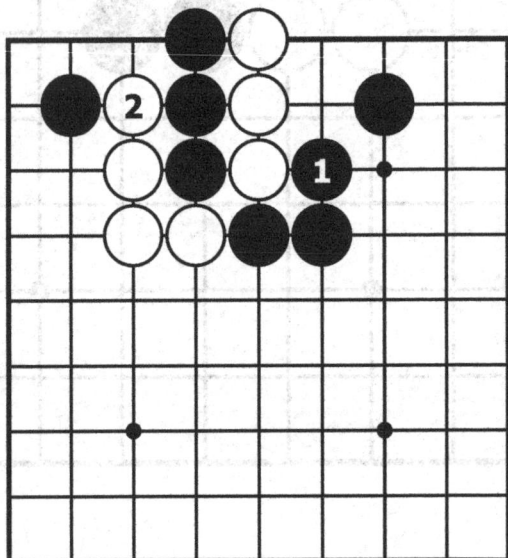

12 第12题（黑先）

难度：★★

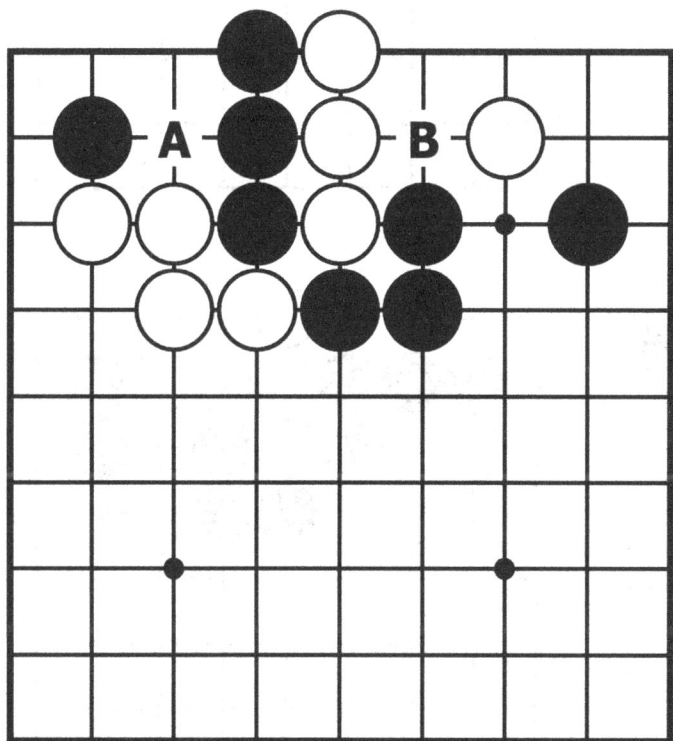

仔细观察，找到适当的落点，并在正确选项后面的括号中画「✓」。

A（　　）　　B（　　）

正解

○

黑 1 选择正确。
直接收气便可吃
掉白棋。

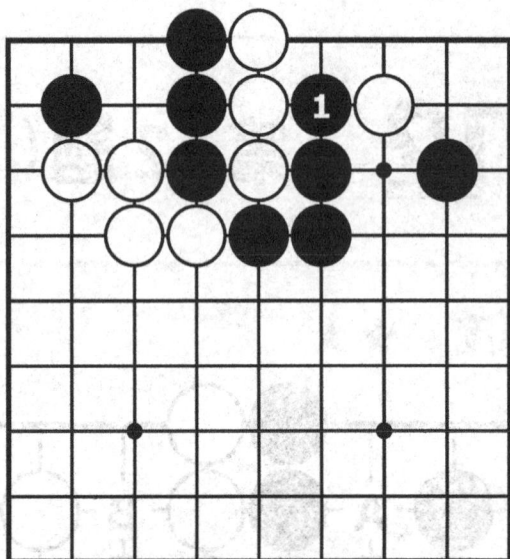

错解

✕

黑 1 选择错误。
此处延出一气，
但白2延出两气，
黑棋整体被吃。

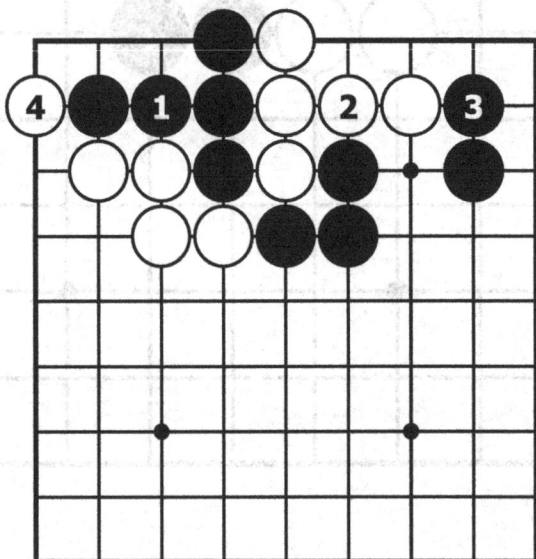

13 第13题（黑先）

难度：★★

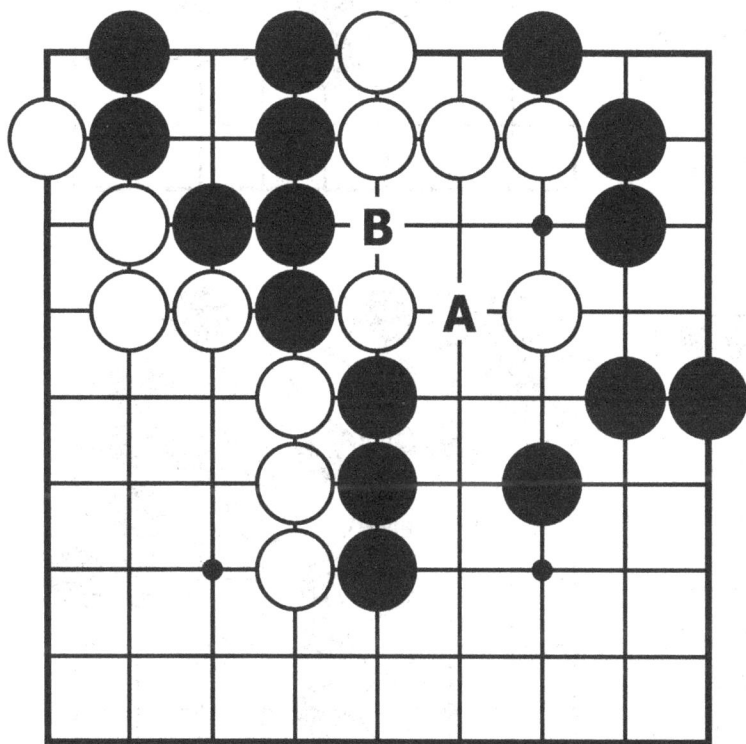

仔细观察，找到适当的落点，并在正确选项后面的括号中画「✓」。

A（　　） B（　　）

正解

◯

黑 1 选择正确。
这里是收气的要
点，可以吃掉白棋。

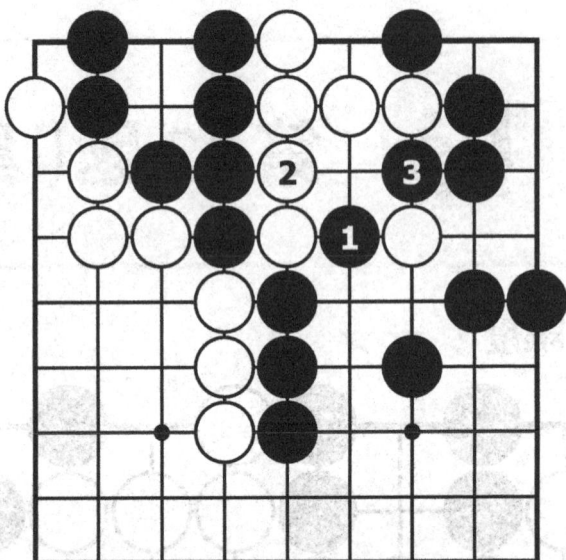

错解

✕

黑 1 选择错误。
并没有紧住白棋
的气。白 2 后，
黑棋整体被吃。

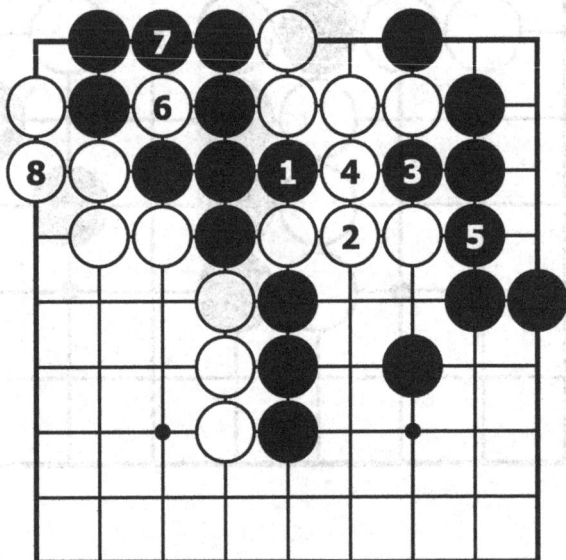

14 第14题（黑先）

难度：★★

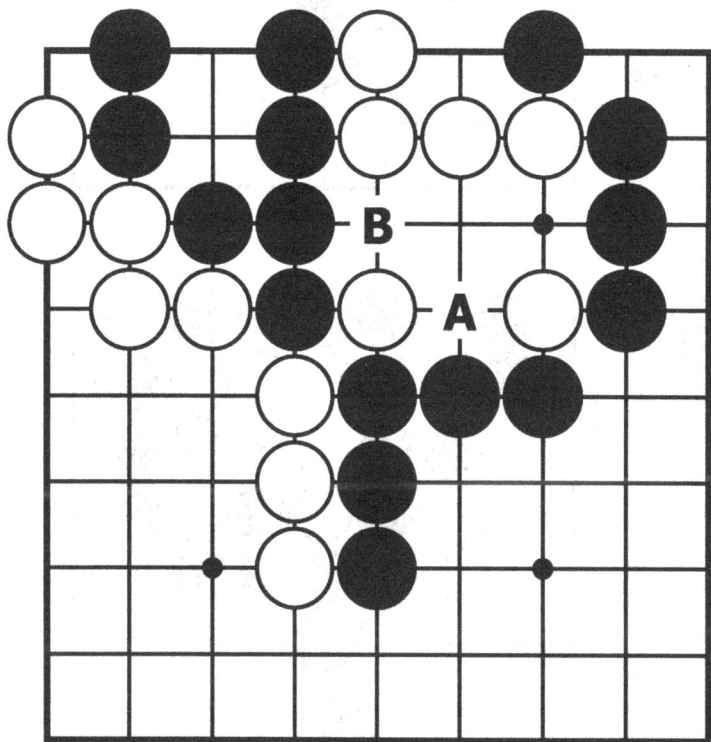

仔细观察，找到适当的落点，并在正确选项后面的括号中画「∨」。

A（   ）   B（   ）

正解

○

黑 1 选择正确。
这里是收气的要
点，可以吃掉白棋。

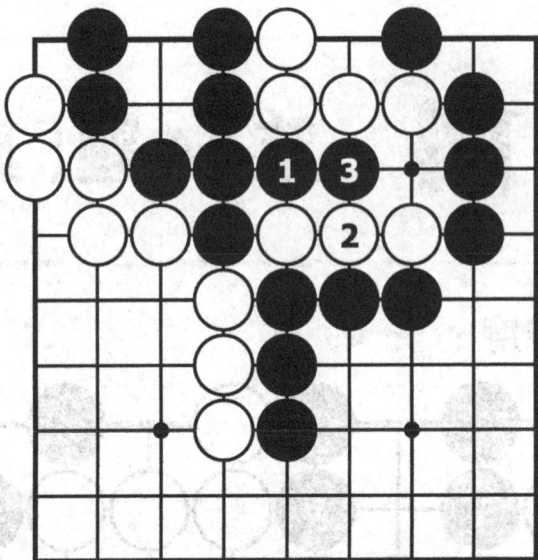

错解

×

黑 1 选择错误。
并没有紧住白棋
的气。白 2 后，
黑棋整体被吃。

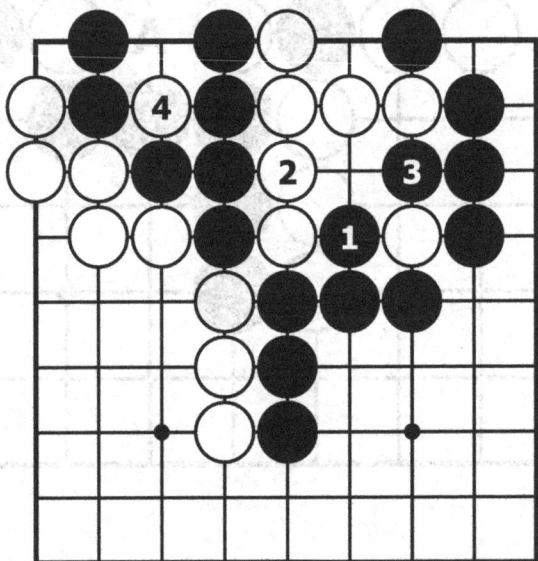

15 第15题（黑先）

难度：★★

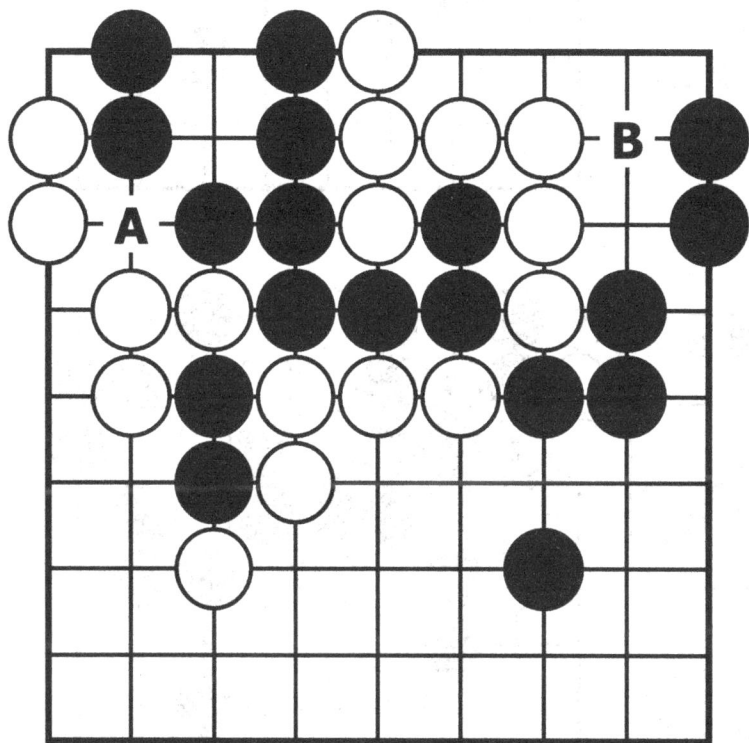

A（　　）　　B（　　）

正解

○

黑 1 选择正确。
先手延出一气，
可以吃掉白棋。

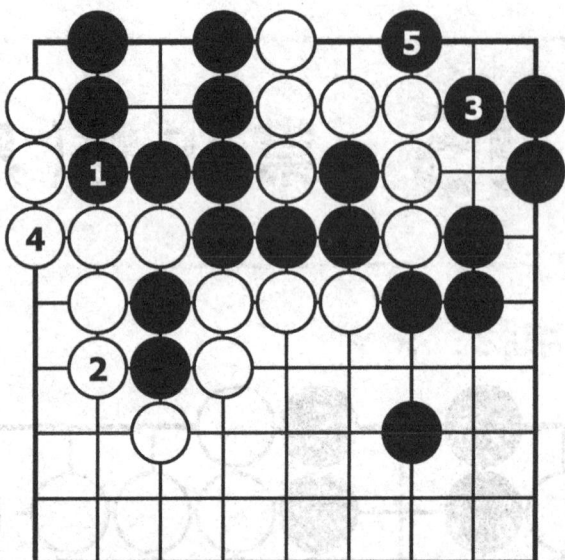

错解

✕

黑 1 选择错误。
直接对杀气不够。
白 2 后，黑棋整
体被吃。

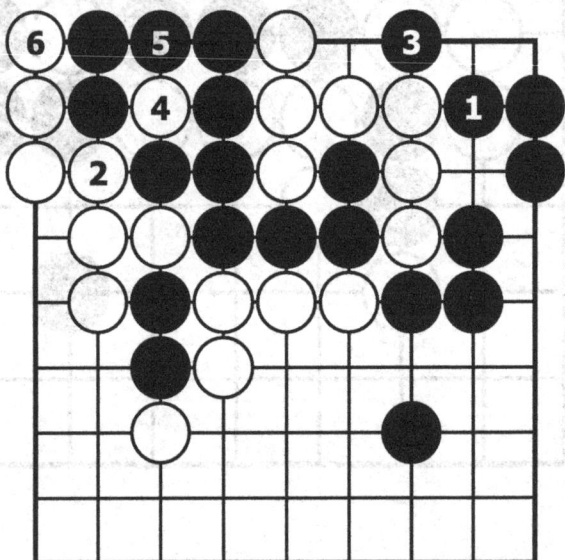

16 第16题（黑先）

难度：★ ★ ★

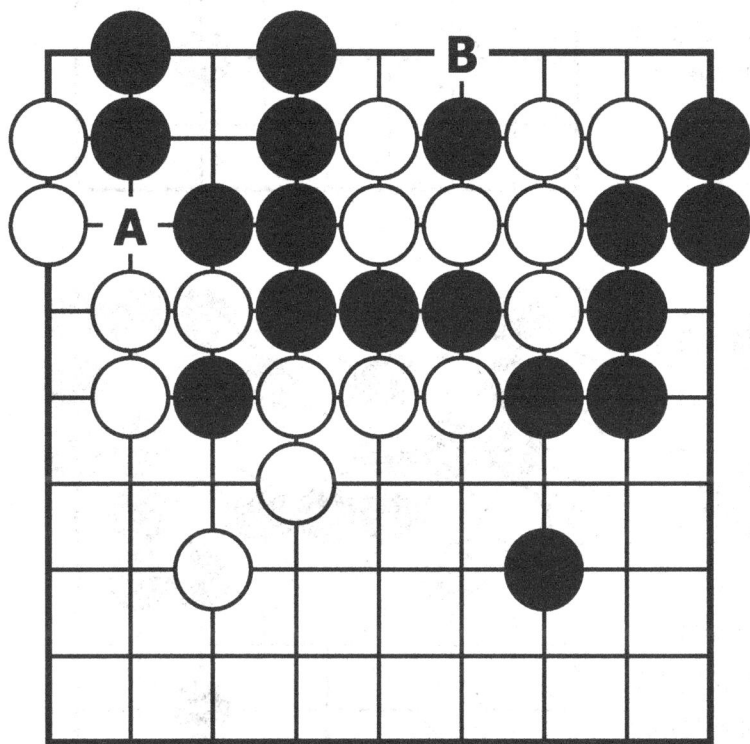

仔细观察，找到适当的落点，并在正确选项后面的括号中画「√」。

A（　　）　　B（　　）

正解

○

黑1选择正确。
这里是收气的要
点，可以吃掉白棋。

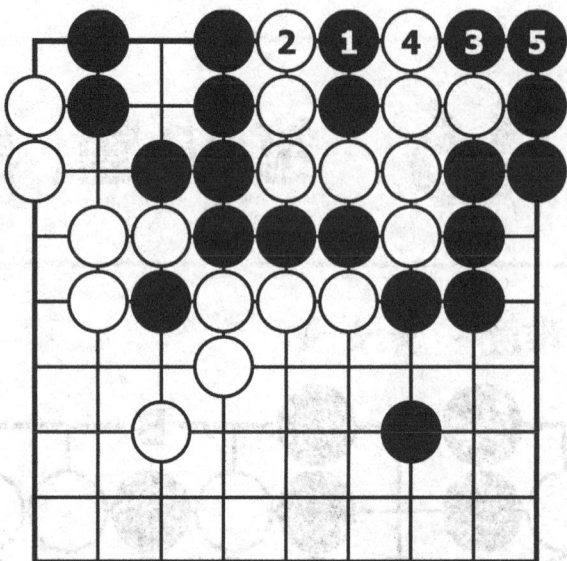

错解

✕

黑1选择错误。
白2是长气的手
筋，如此将形成
双活。

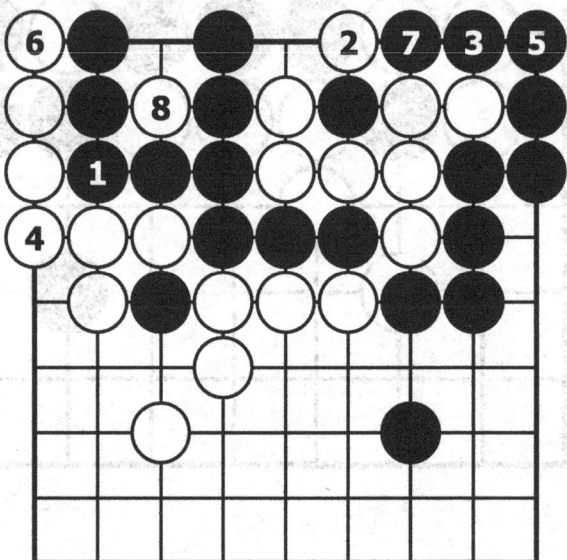

17 第 17 题（黑先）

难度：★★★

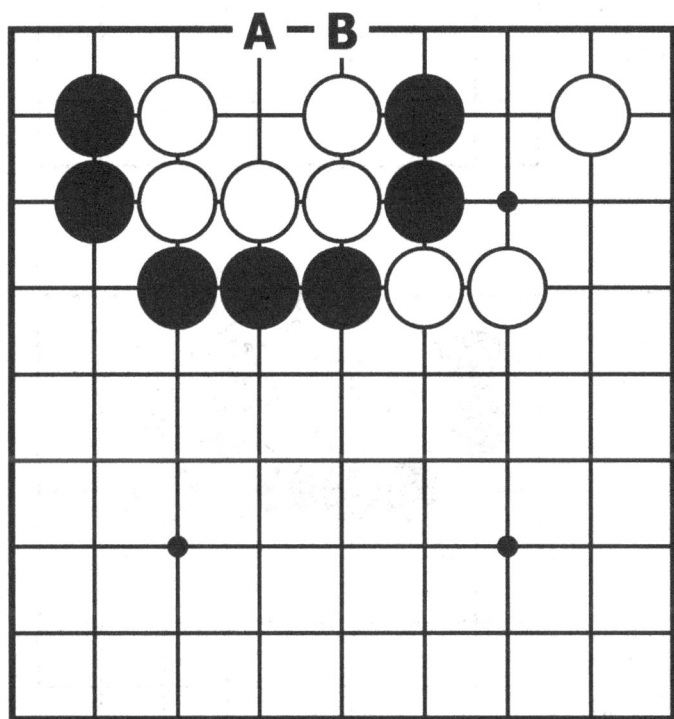

仔细观察，找到适当的落点，并在正确选项后面的括号中画「∨」。

A（　　）　　B（　　）

正解

〇

黑1选择正确。
这里是收气的手
筋,可以吃掉白棋。

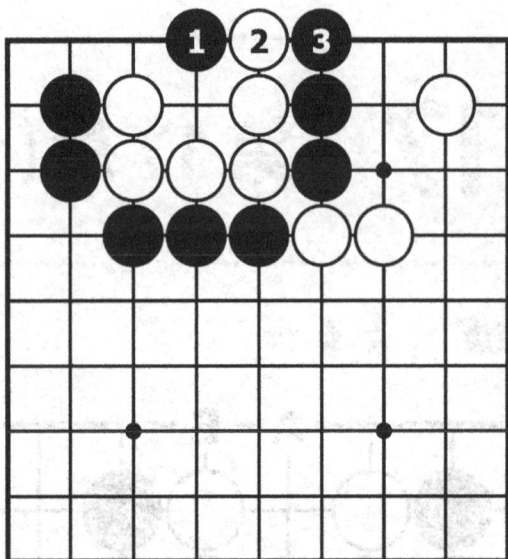

错解

✕

黑1选择错误。
直接收气显然不
行。白2后,黑
棋整体被吃。

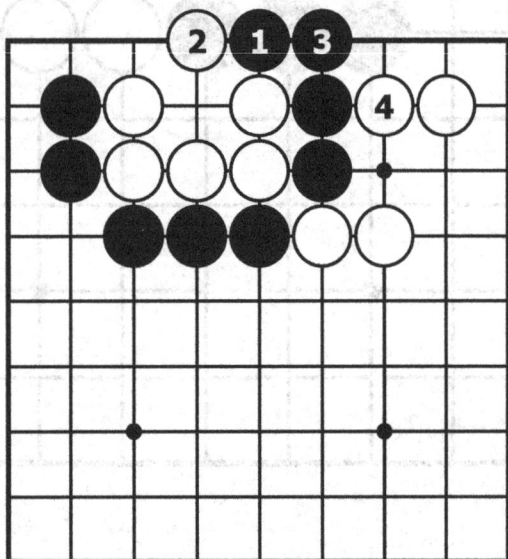

18 第18题（黑先）

难度：★★★

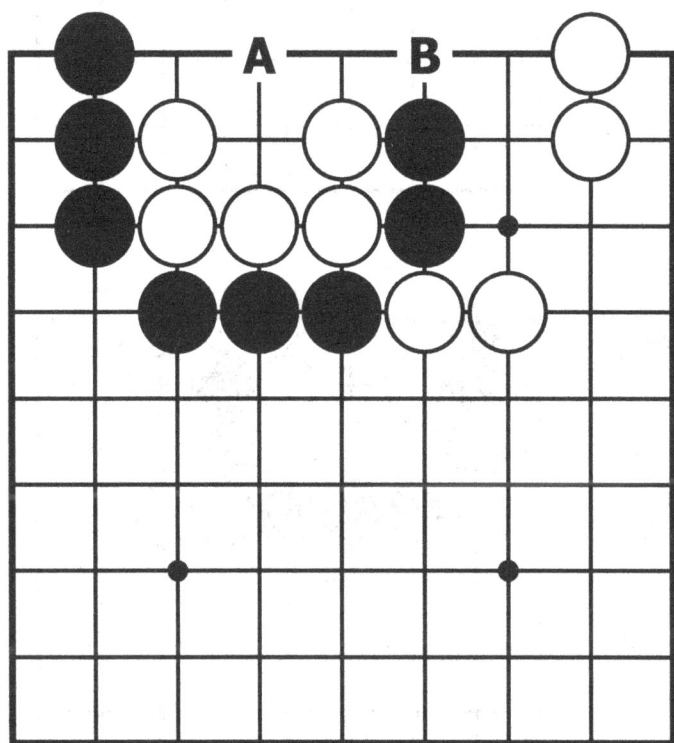

仔细观察，找到适当的落点，并在正确选项后面的括号中画「√」。

A（　　）　　B（　　）

正 解

⭕

黑 1 选择正确。
这里是收气的要
点，也是冷静的
手筋，可以吃掉
白棋。

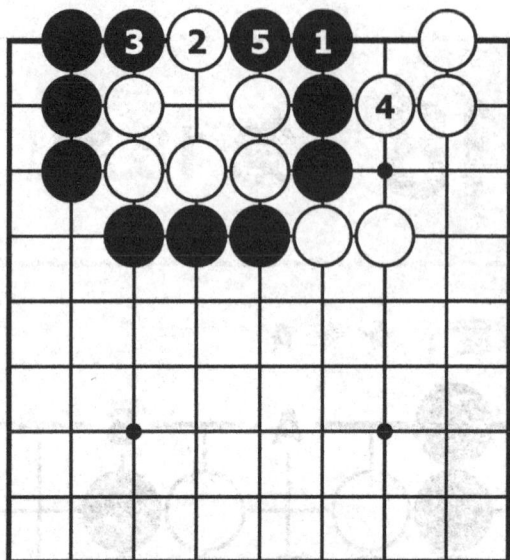

错 解

❌

黑 1 选择错误。
看似手筋，其实
并不成立。白2后，
双方形成劫争。

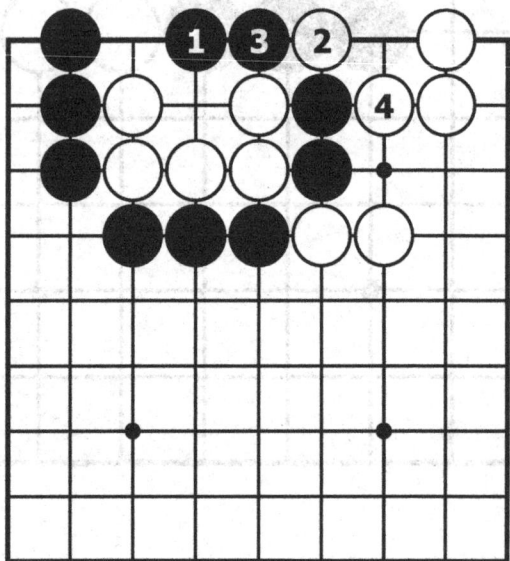

19 第19题（黑先）

难度：★★★

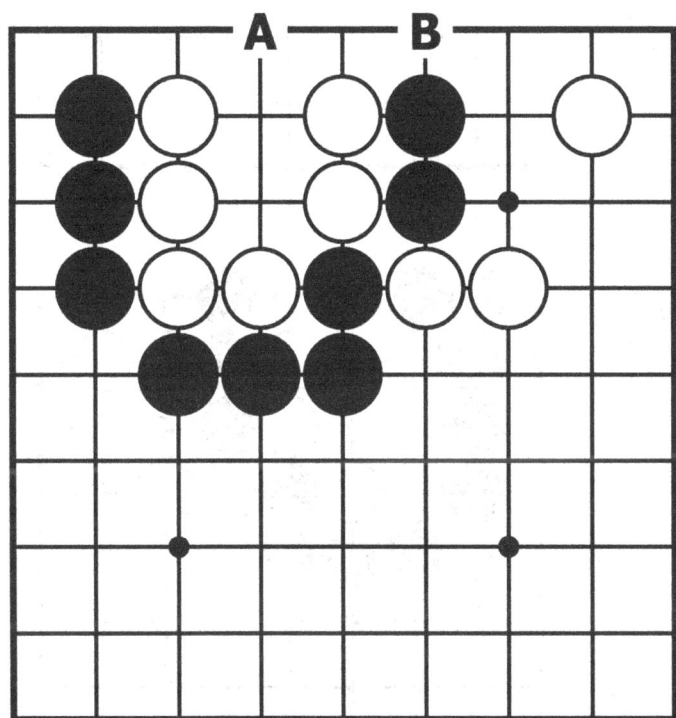

仔细观察，找到适当的落点，并在正确选项后面的括号中画「✓」。

A（　　）　　B（　　）

正解

〇

黑1选择正确。
这里是收气的要
点，可以吃掉白棋。

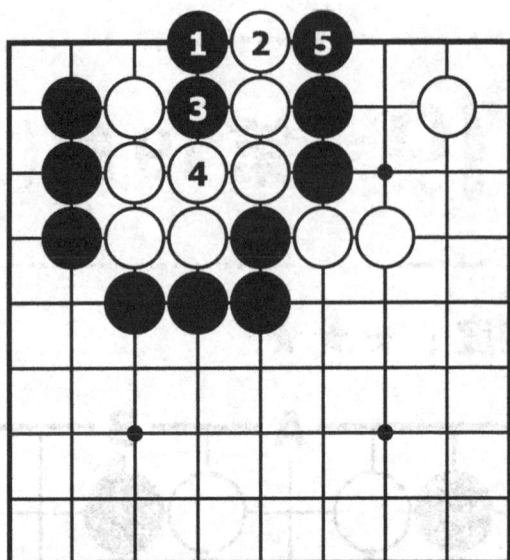

错解

✕

黑1选择错误。
看似手筋，其实
并不成立。白2后，
黑棋整体被吃。

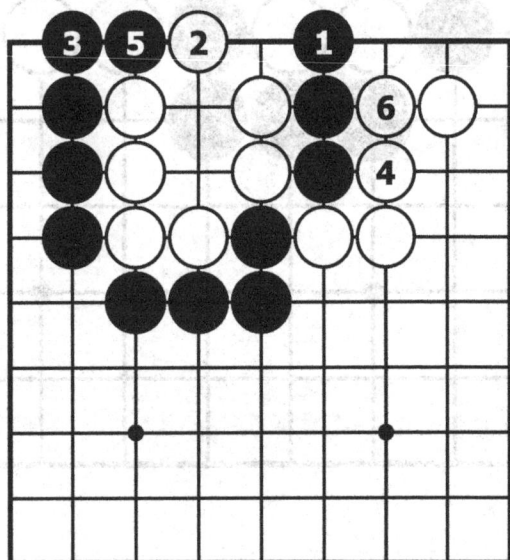

66

20 第20题（黑先）

难度：★★★

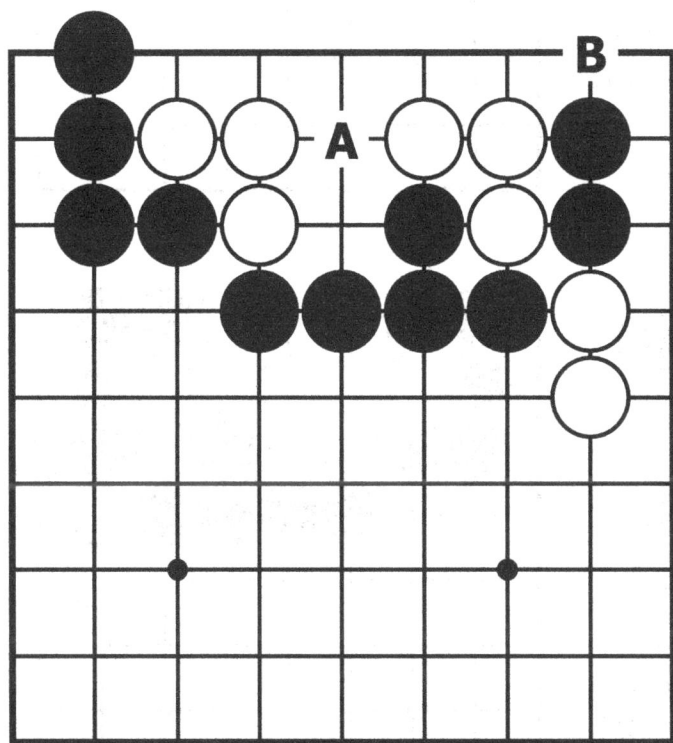

仔细观察，找到适当的落点，并在正确选项后面的括号中画「√」。

A（　　） B（　　）

正解

⭕

黑1选择正确。这
里是收气的要点，
必须抢占。如此
可以吃掉白棋。

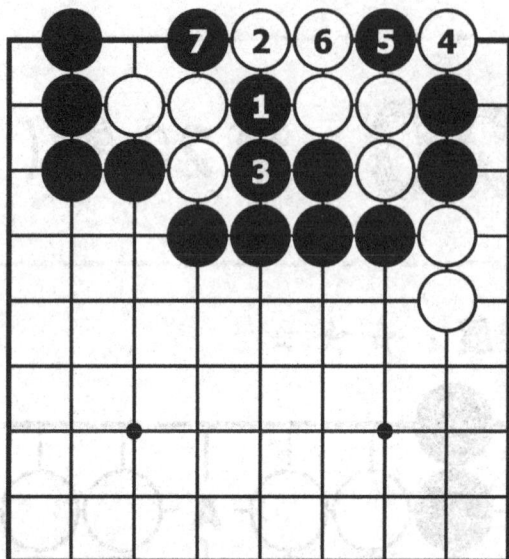

错解

❌

黑1选择错误。
看似手筋，其实
并不成立。白2后，
黑棋整体被吃。

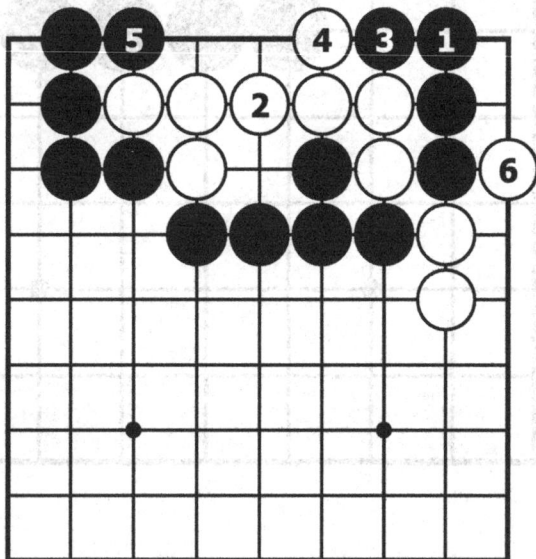

21 第21题（黑先）

难度：★★★

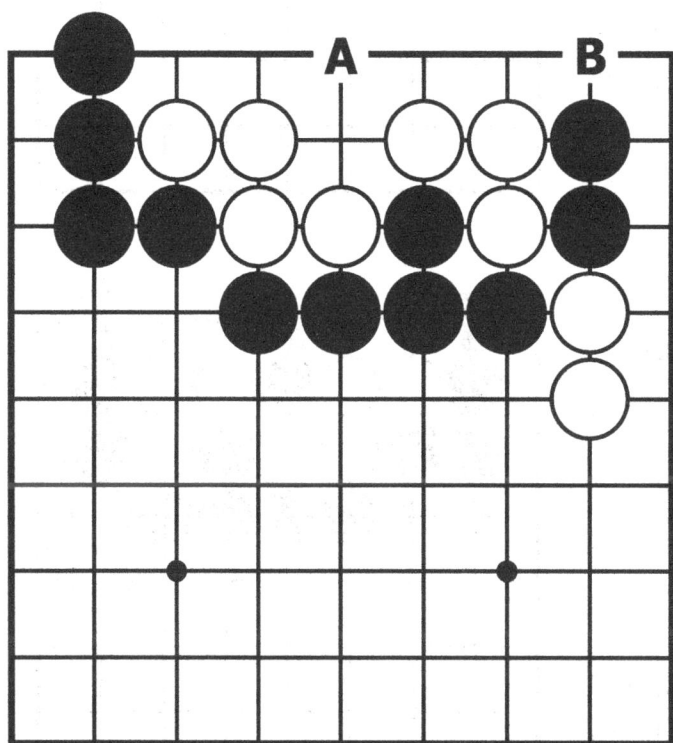

仔细观察，找到适当的落点，并在正确选项后面的括号中画「√」。

A（　　）　　B（　　）

正解

◯

黑1选择正确。
这里是收气和长
气的要点，可以
吃掉白棋。

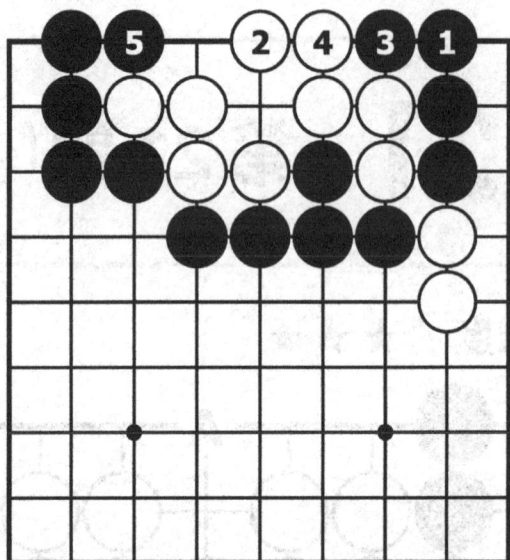

错解

✕

黑1选择错误。
看似手筋，其实
并不成立。白2后，
黑棋两子被吃。

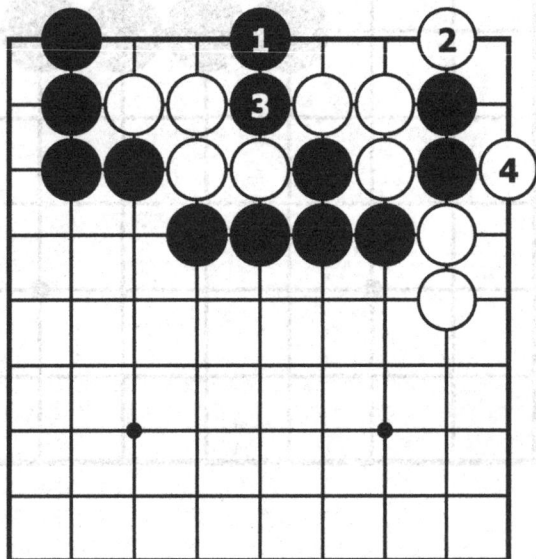

22 第22题（黑先）

难度：★★

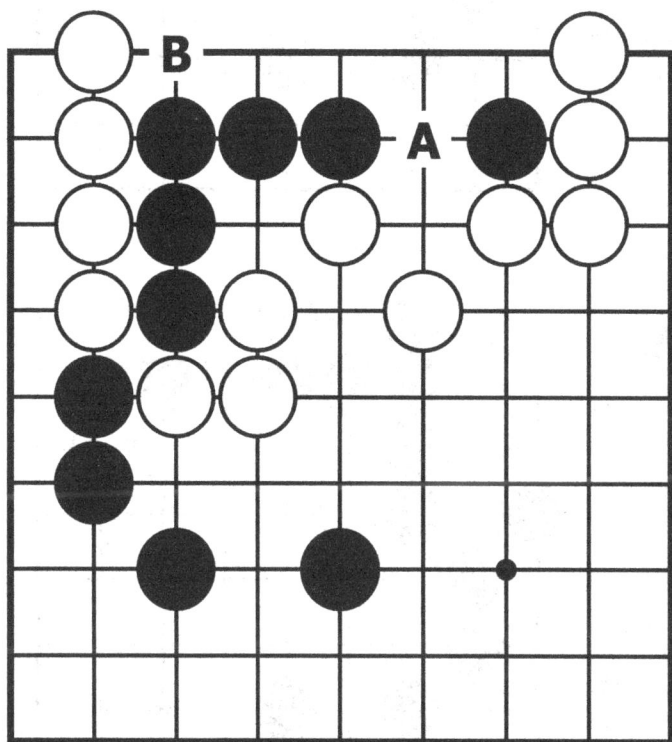

仔细观察，找到适当的落点，并在正确选项后面的括号中画「∨」。

A（　　）　　B（　　）

正解

◯

黑1选择正确。
需要先长气再对
杀,可以吃掉白棋。

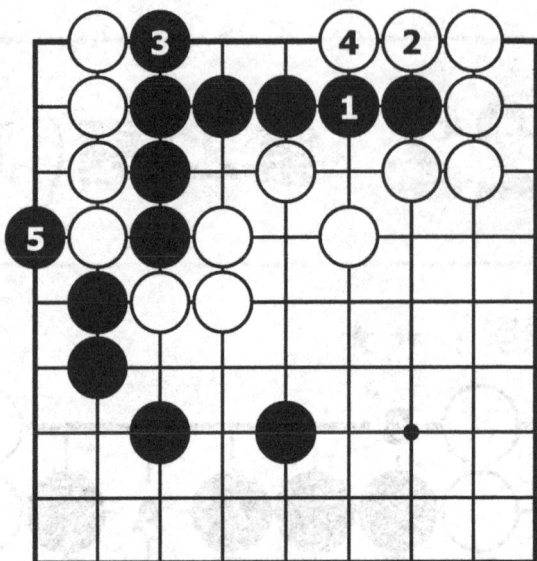

错解

✕

黑1选择错误。
直接收气并不成
立。白2后,黑
棋整体被吃。

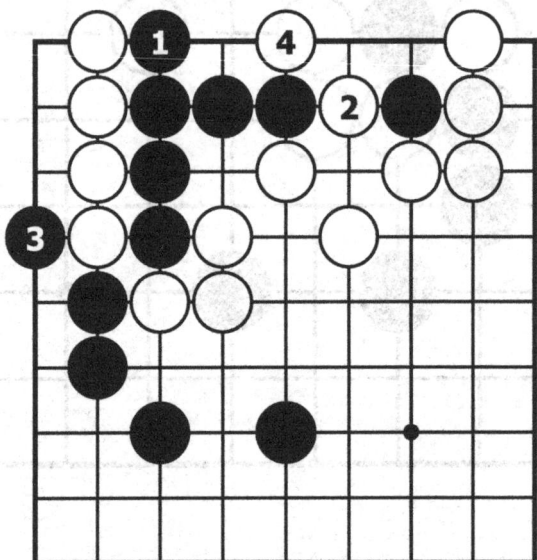

23 第23题（黑先）

难度：★★

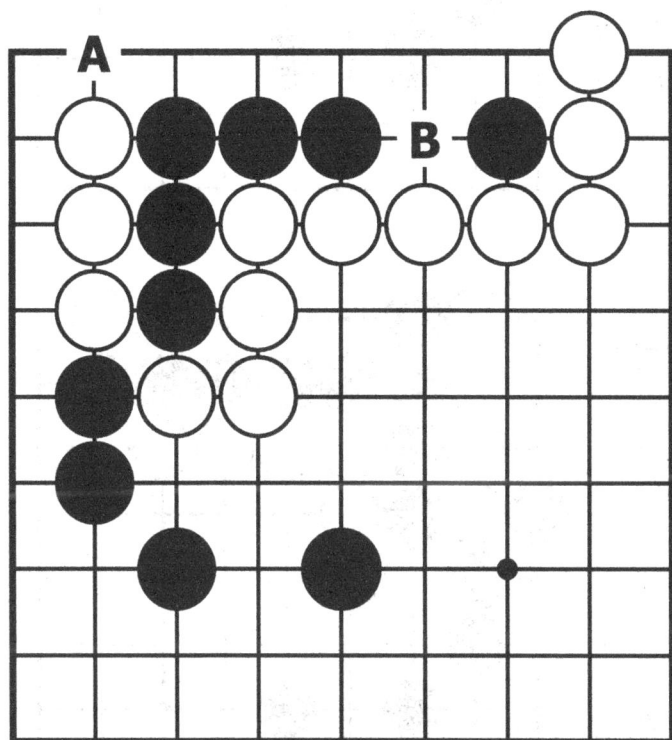

仔细观察，找到适当的落点，并在正确选项后面的括号中画「√」。

A（　　）　　B（　　）

正解

〇

黑 1 选择正确。
这里是收气的要
点,可以吃掉白棋。

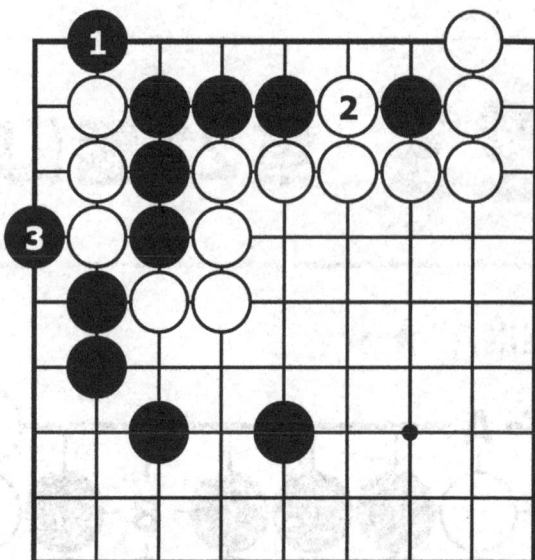

错解

✕

黑 1 选择错误,
此处并不延气。
白 2 是手筋,黑
棋整体被吃。

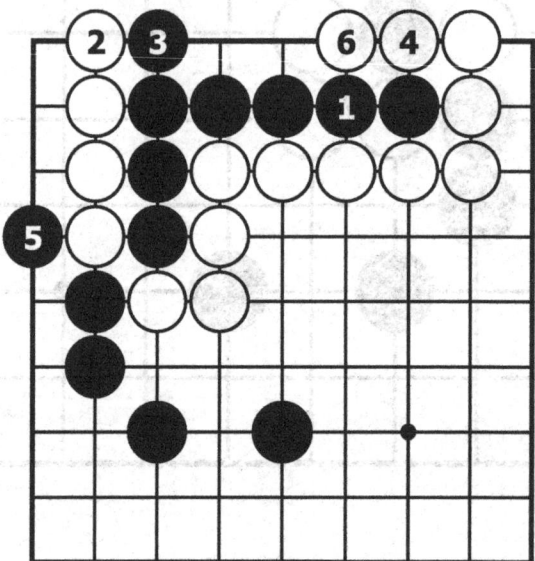

24 第24题（黑先）

难度：★★★

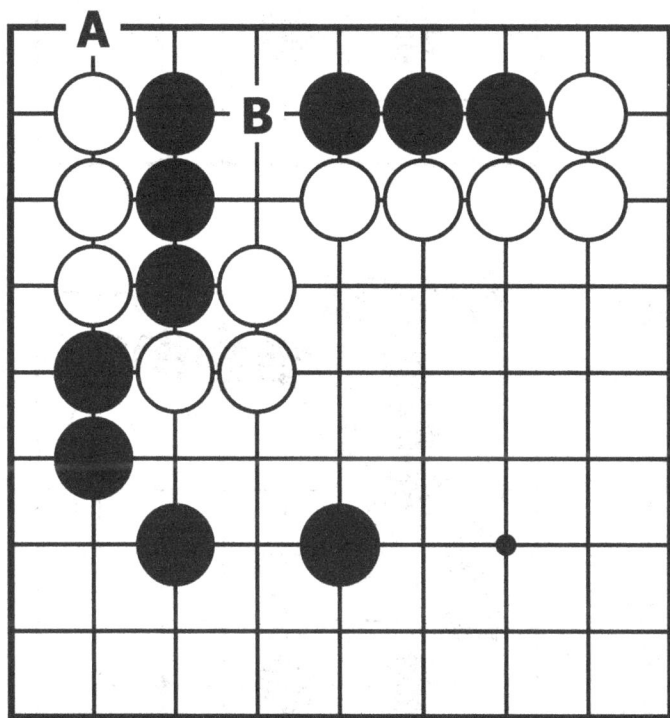

仔细观察，找到适当的落点，并在正确选项后面的括号中画「∨」。

A（　　）　　B（　　）

正 解

〇

黑 1 选择正确。
先长气再对杀，
可以吃掉白棋。

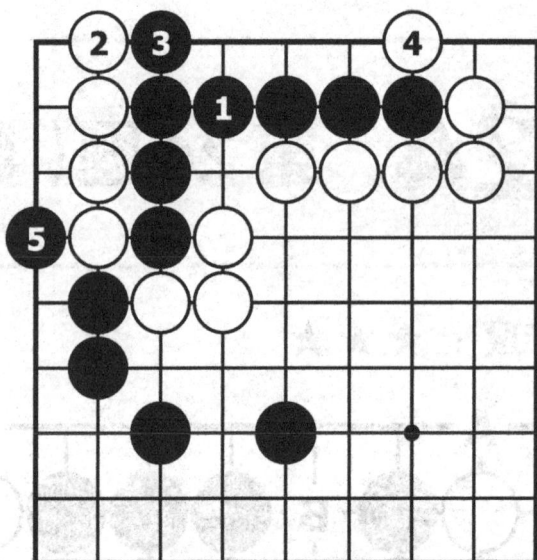

错 解

✕

黑 1 选择错误。
直接收气操之过
急。白 2 是手筋，
黑棋整体被吃。

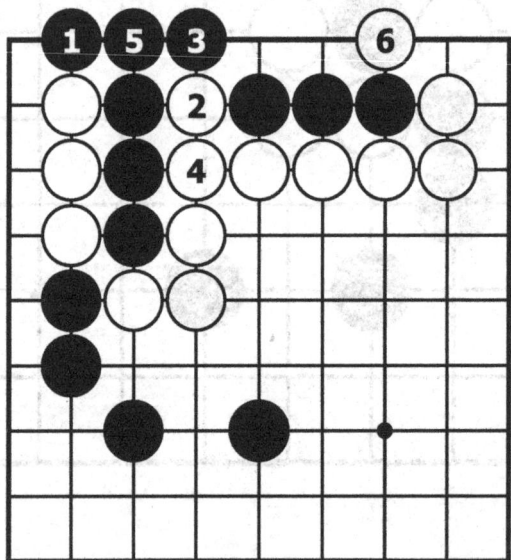

25 第25题（黑先）

难度：★ ★ ★ ★

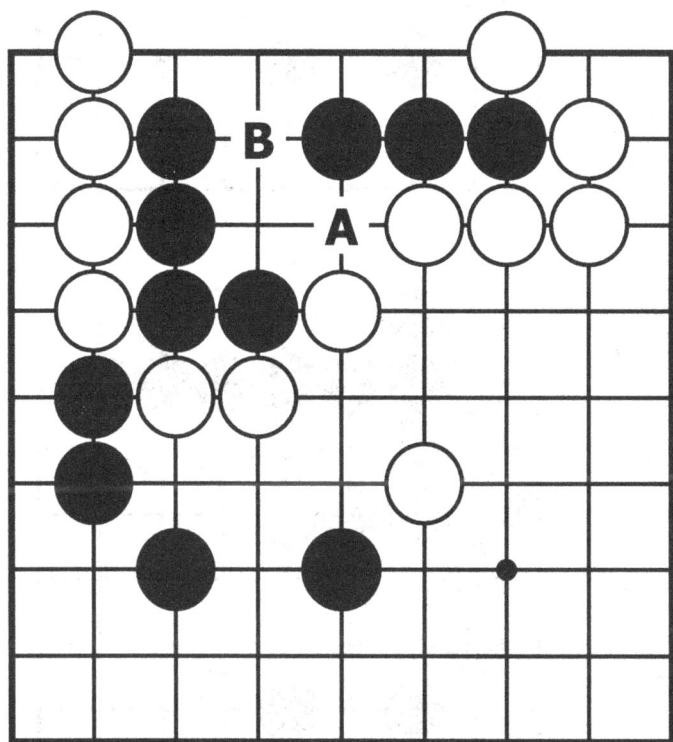

仔细观察，找到适当的落点，并在正确选项后面的括号中画「∨」。

A（　　　）　　B（　　　）

正解

○

黑 1 选择正确。
这里可以先手长
气。白 2 接后,
黑 3 做眼是长气
的要点,可以吃
掉白棋。

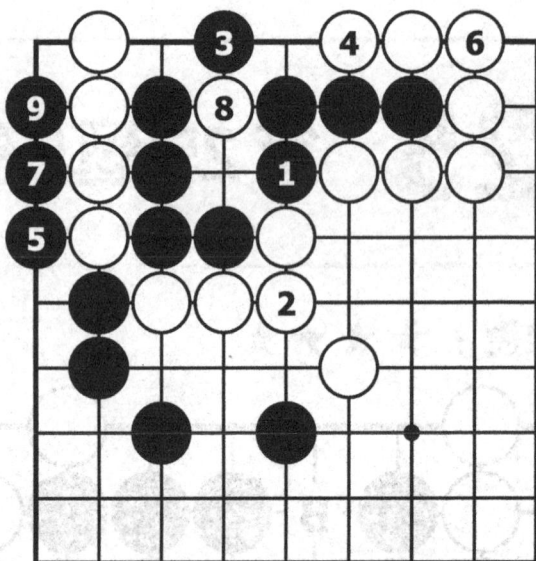

错解

✕

黑 1 选择错误。
此处虽然能延一
气,但对杀依然
气不够。

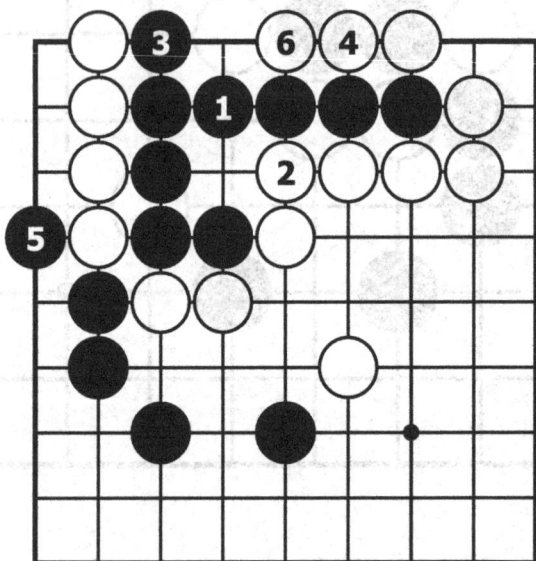

26 第26题（白先）

难度：★★★★

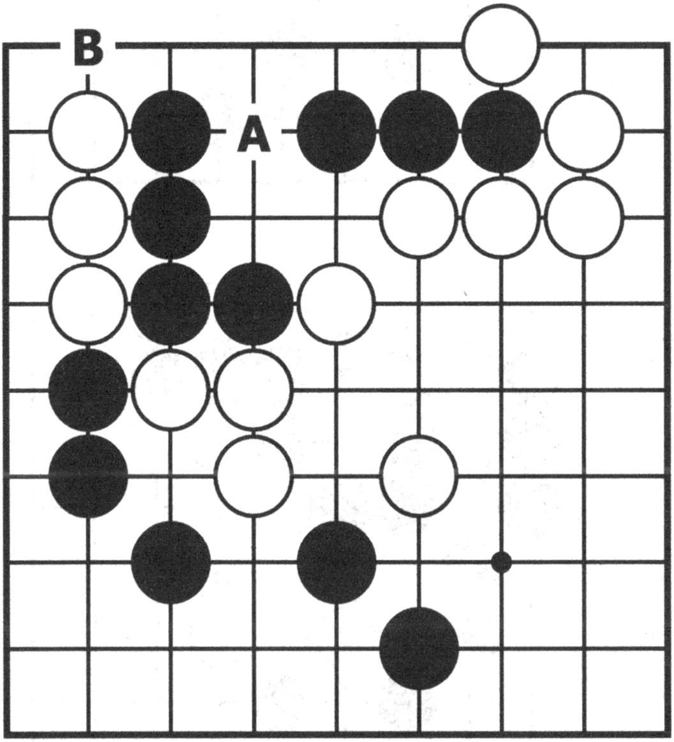

仔细观察，找到适当的落点，并在正确选项后面的括号中画「√」。

A（　　）　　B（　　）

正解

〇

白 1 选择正确。
此处是收气的要
点,可以吃掉黑棋。

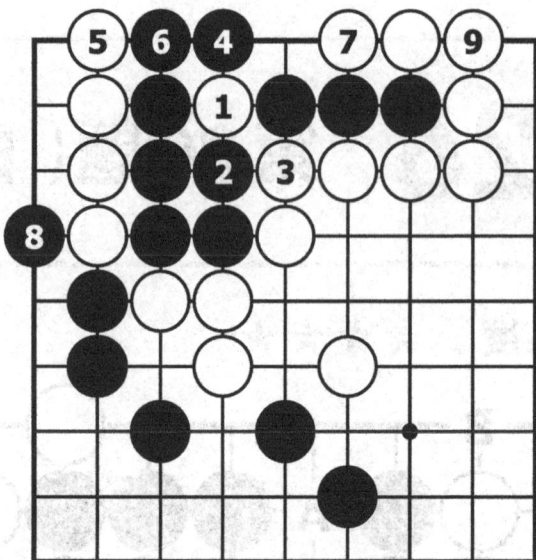

错解

✕

白 1 选择错误。
黑 2 先手后再于 4
位做眼是手筋。
白棋 4 子被吃。

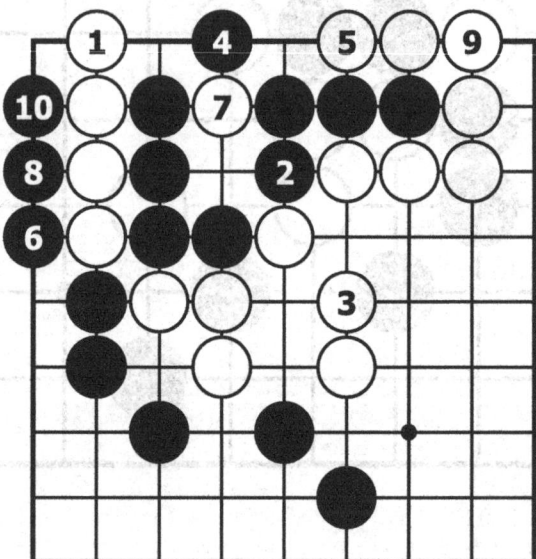

27 第27题（白先）

难度：★★★

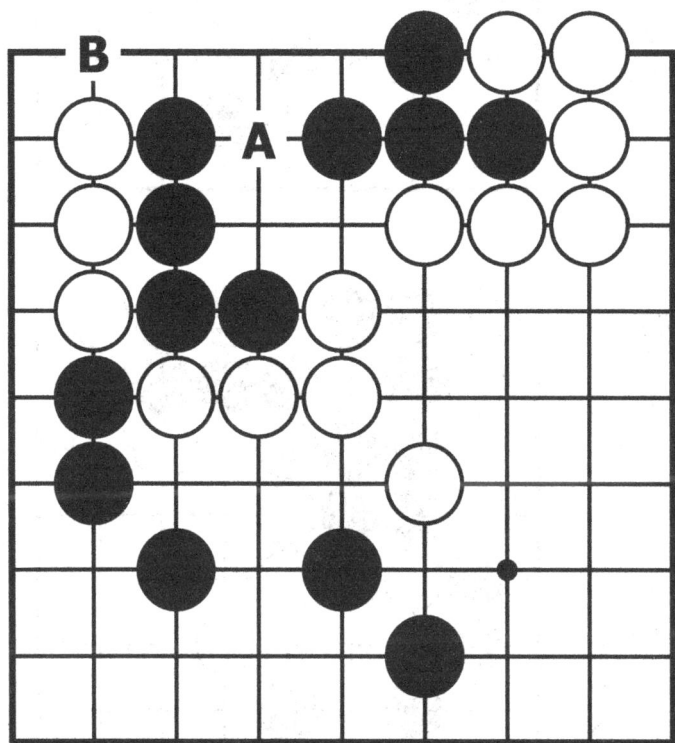

A（   ）   B（   ）

正解

〇

白1选择正确，是
冷静的手筋，如
此可以吃掉黑棋。

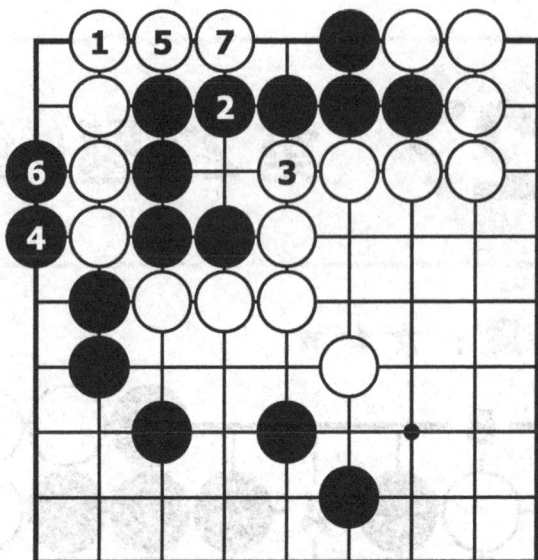

错解

✕

白1选择错误。
黑2后局部便可
做活，白棋显然
不行。

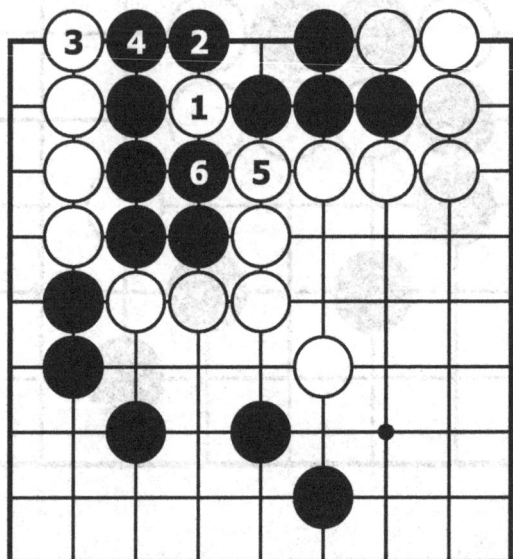

28 第28题（白先）

难度：★★★★

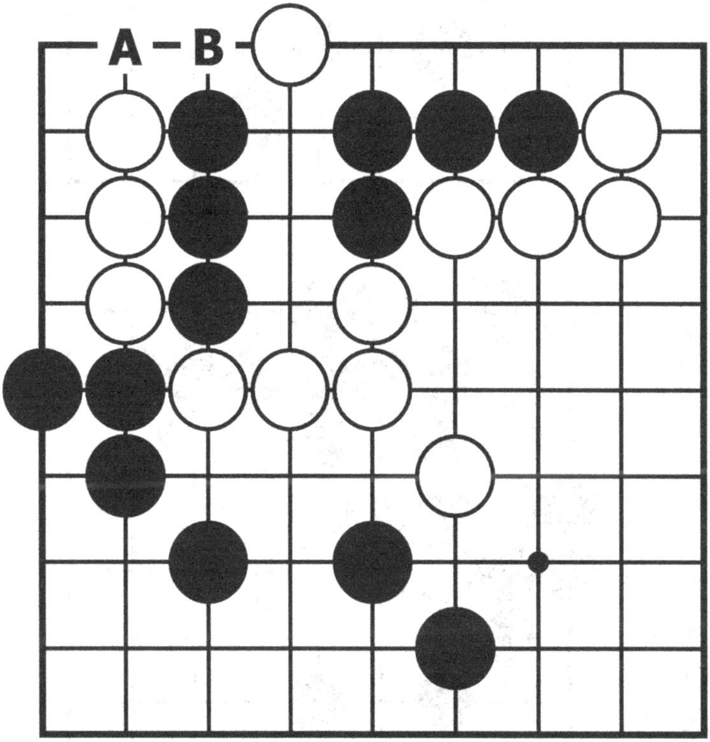

仔细观察，找到适当的落点，并在正确选项后面的括号中画「✓」。

A（　　）　　B（　　）

正解

⭕

白 1 选择正确。
此处是要点，可
以吃掉黑棋。

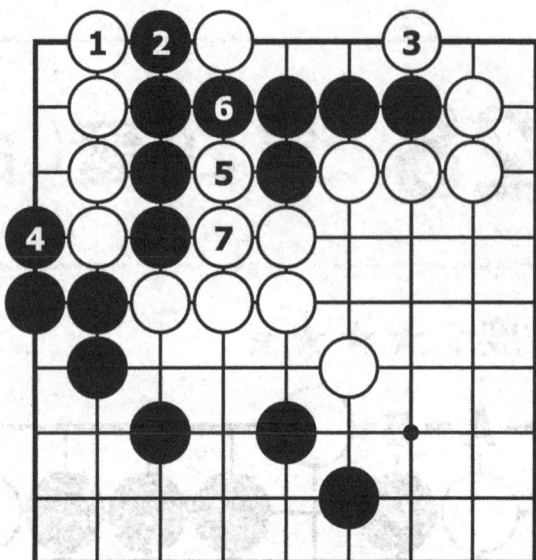

错解

❌

白 1 选择错误。
此处变化非常复
杂,黑2扑是妙手,
对杀将形成打劫。

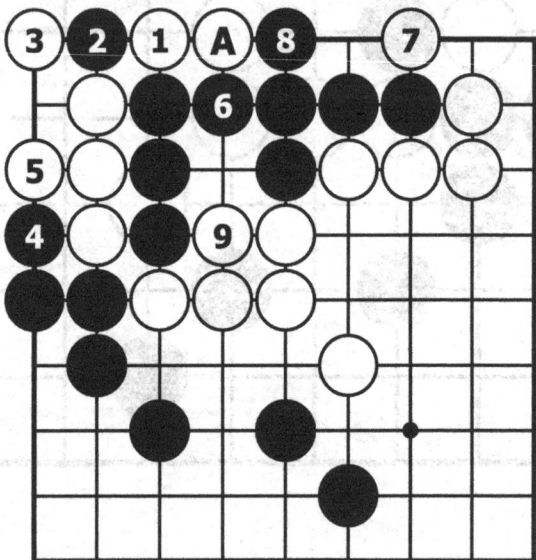

⑩ = ❷, ⑪ = ①, ⑫ = Ⓐ

29 第29题（黑先）

难度：★ ★ ★

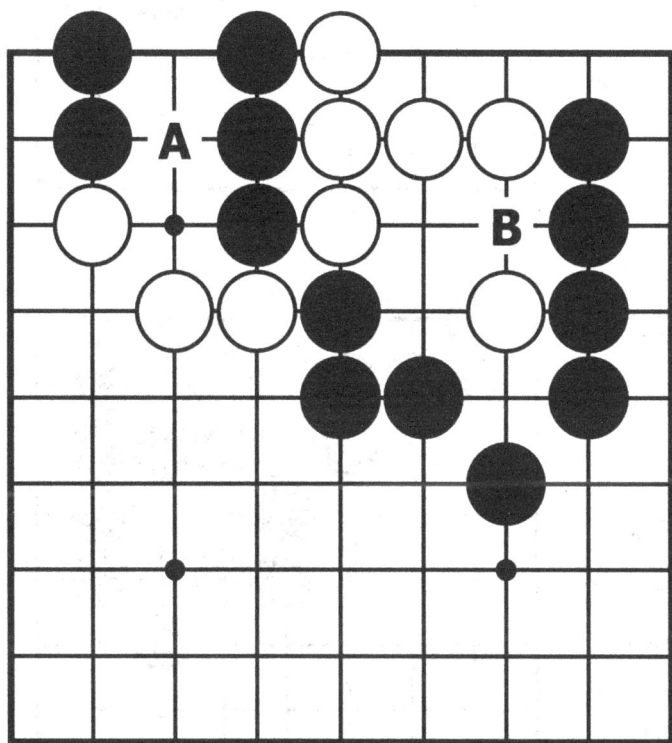

仔细观察，找到适当的落点，并在正确选项后面的括号中画「∨」。

A（　　） B（　　）

正解

〇

黑 1 选择正确。
先手长气之后在
3 位紧气，可以
吃掉白棋。

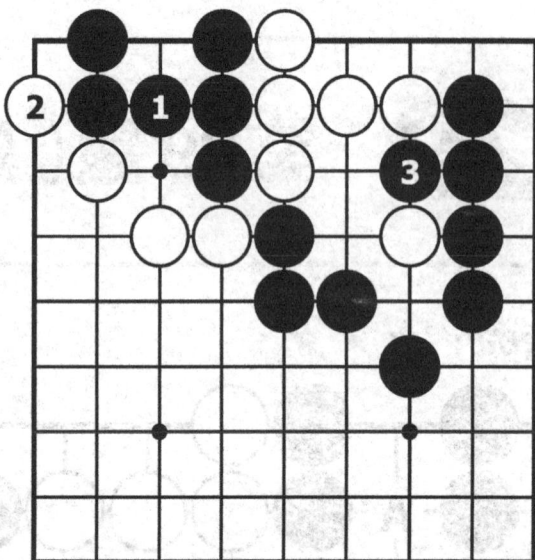

错解

✕

黑 1 选择错误。
直接收气操之过
急。白 2 是手筋，
黑棋整体被吃。

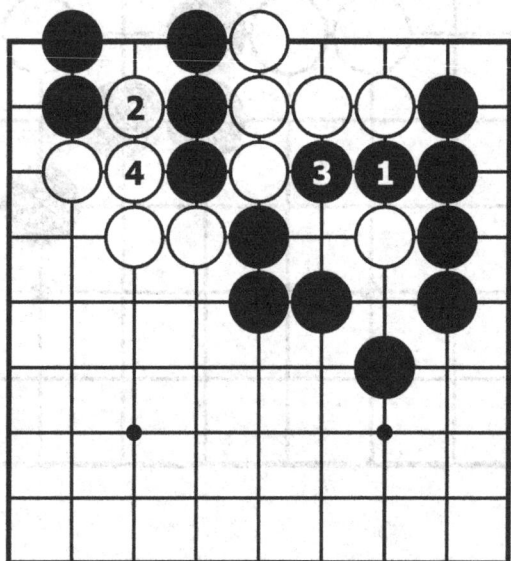

30

第30题（黑先）

难度：★★★

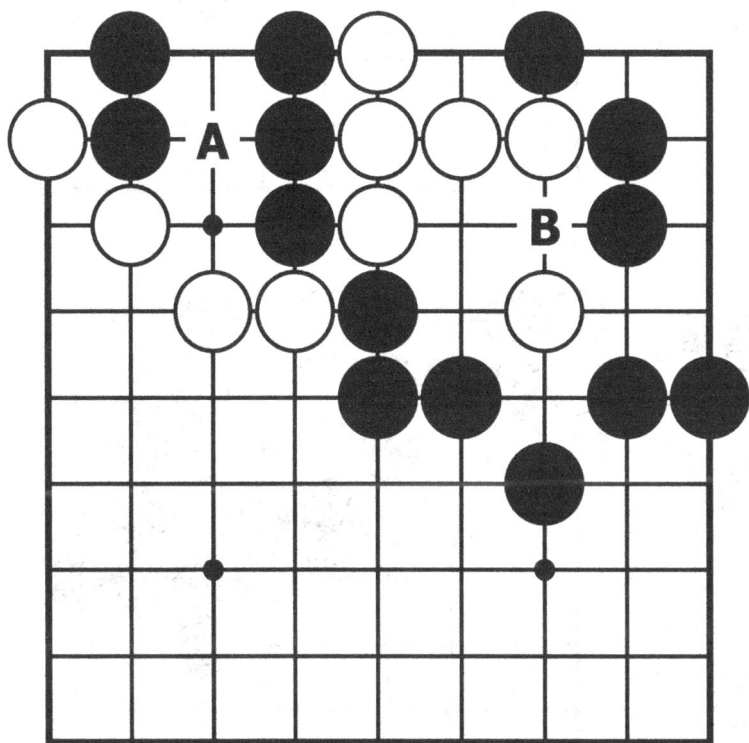

仔细观察，找到适当的落点，并在正确选项后面的括号中画「∨」。

A（　　）　　B（　　）

正解

◯

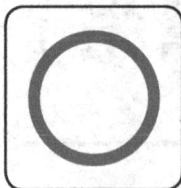

黑 1 选择正确。
这里是收气的要
点，可以吃掉白棋。

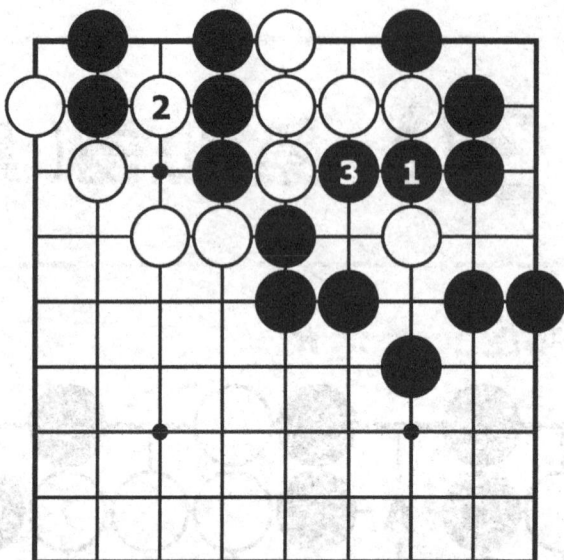

错解

✕

黑 1 选择错误。
黑棋虽然能延一
气，但白 2 可以
延两气。黑棋整
体被吃。

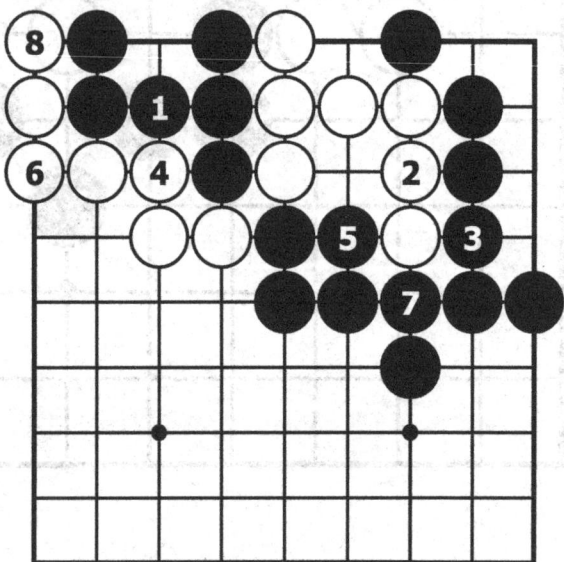

2.2　公气与外气

本节的主题是认识对杀中的"公气"与"外气"。通常情况下，公气等于双方共用，没有意义；而外气则是真正应该收紧的部分，不到最后关头，都不要先收公气。

小贴士　首先要找到哪里是公气，哪里是外气。有些局面也有特殊性，看似公气的部分，如果是"要点"，那么也是必须要抢占的。关于什么是"要点"，在第 3 章会着重强调，仔细观察就能发现。

Q 1 第1题（黑先）

难度：★

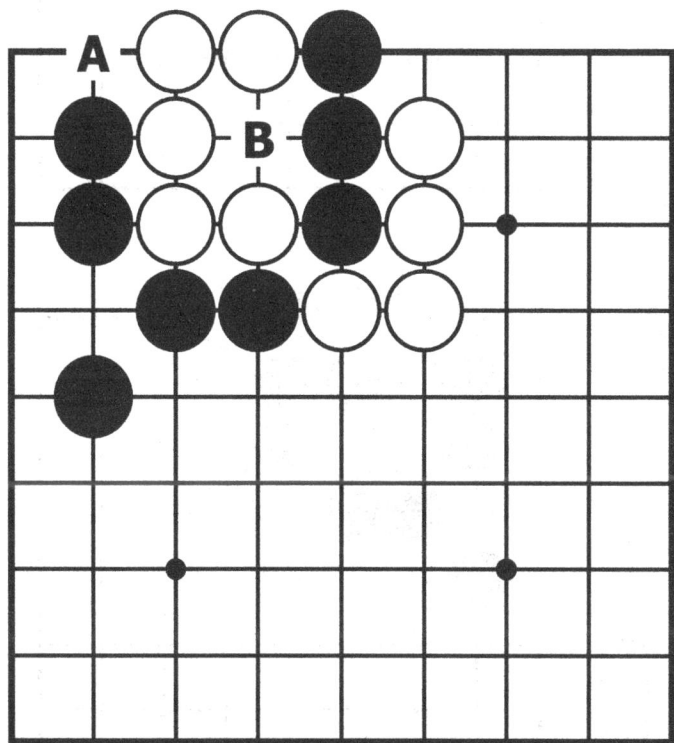

看一看「气」的类型，找出正确落子点，并在正确选项后面的括号中画「√」。

A（　　）　　B（　　）

正解

〇

黑 1 选择正确。
先收外气，可以
吃掉白棋。

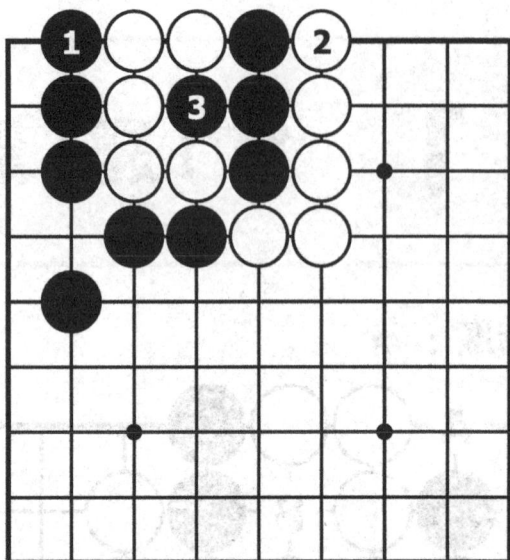

错解

✕

黑 1 选择错误。
先收公气是对杀
的大忌，白 2 后，
黑棋被吃。

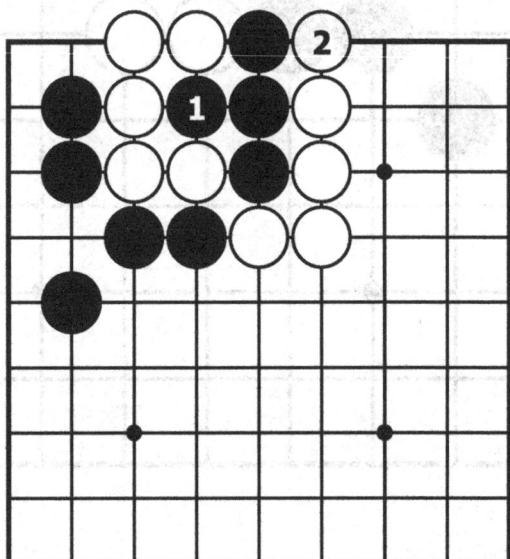

2 第2题（黑先）

难度：★

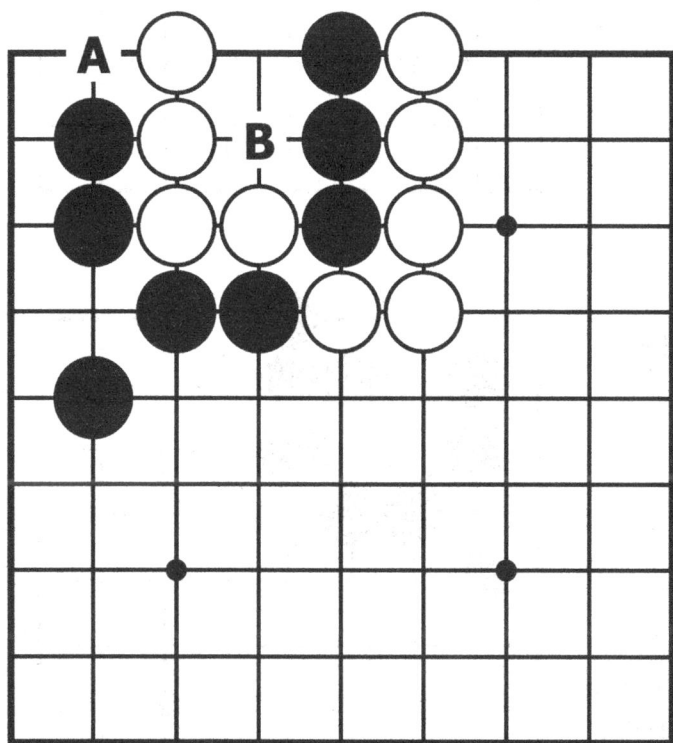

看一看「气」的类型，找出正确落子点，并在正确选项后面的括号中画「√」。

A（　　） B（　　）

正 解

◯

黑 1 选择正确。
先收外气，形成
双活。

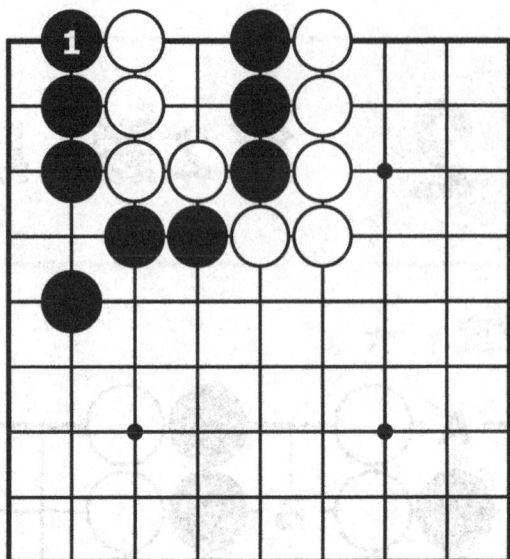

错 解

✕

黑 1 选择错误。
先收公气是对杀
的大忌，此处后
手死。

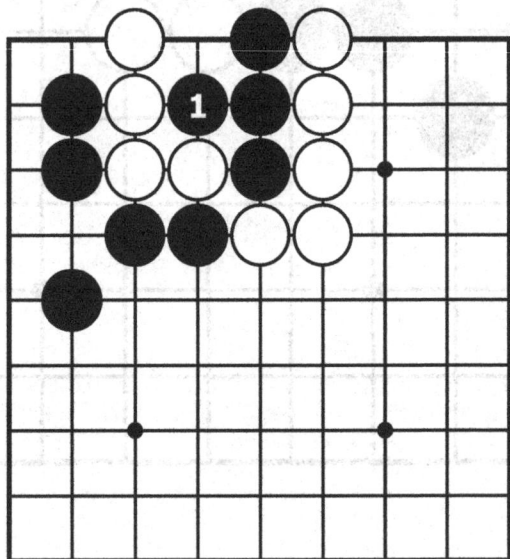

3 第3题 (黑先)

难度：★

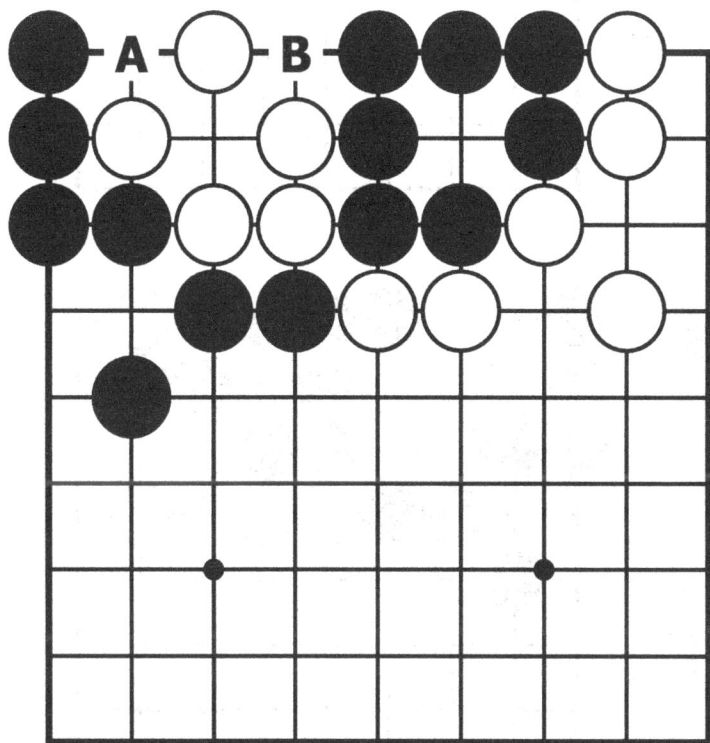

看一看「气」的类型，找出正确落子点，并在正确选项后面的括号中画「√」。

A（　　）　　B（　　）

正解

〇

黑 1 选择正确。
先收外气，可以
吃掉白棋。

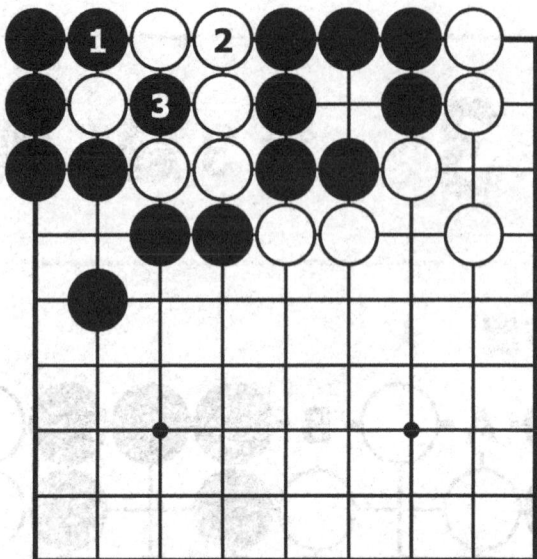

错解

✕

黑 1 选择错误。
先收公气是对杀
的大忌，白 2 后，
黑棋被吃。

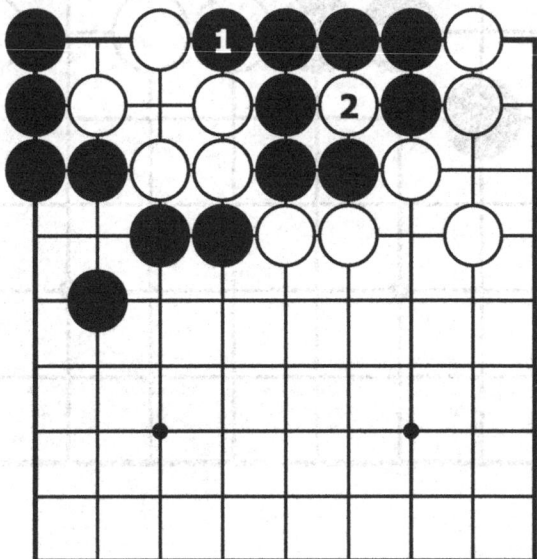

4 第4题（黑先）

难度：★★

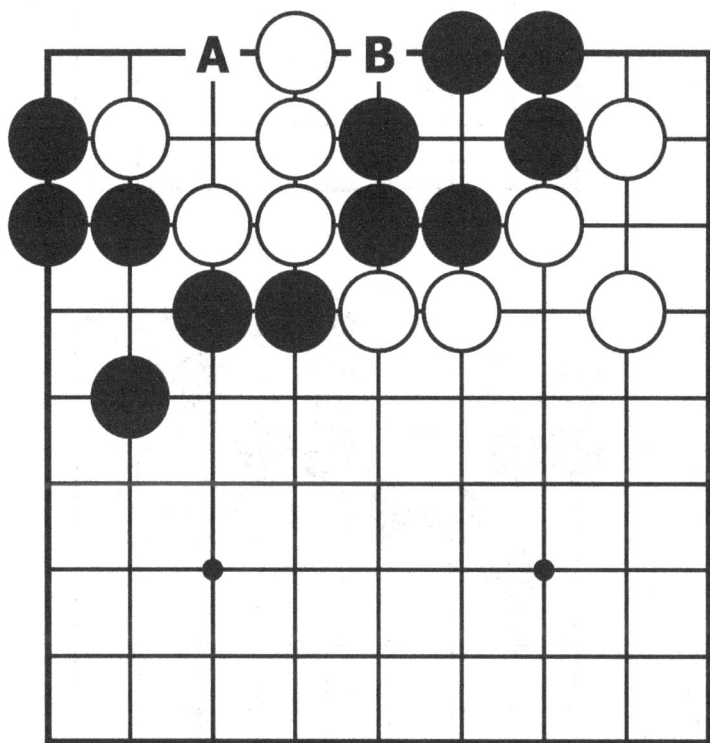

看一看「气」的类型，找出正确落子点，并在正确选项后面的括号中画「√」。

A（　　）　　B（　　）

正解

○

黑 1 选择正确。
先收外气，也是
收气的手筋，可
以吃掉白棋。

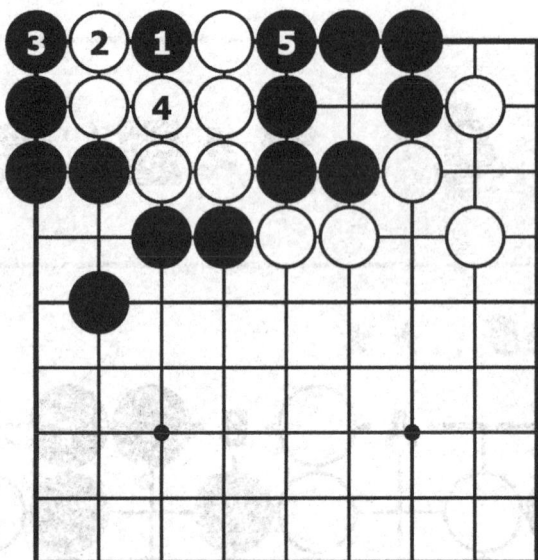

错解

✕

黑 1 选择错误。
先收公气是对杀
的大忌，白2后，
黑棋被吃。

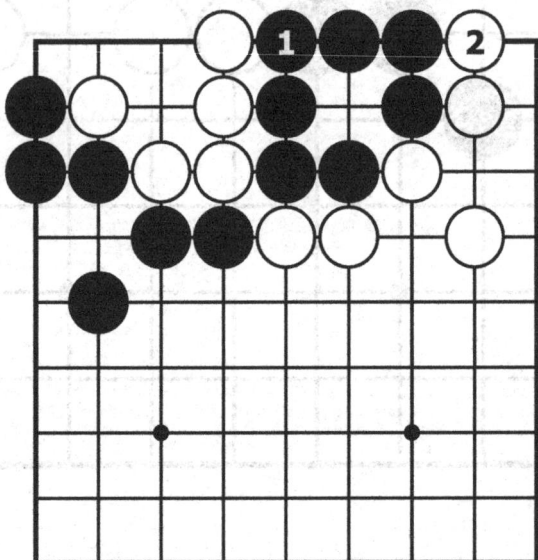

5 第5题（黑先）

难度：★★

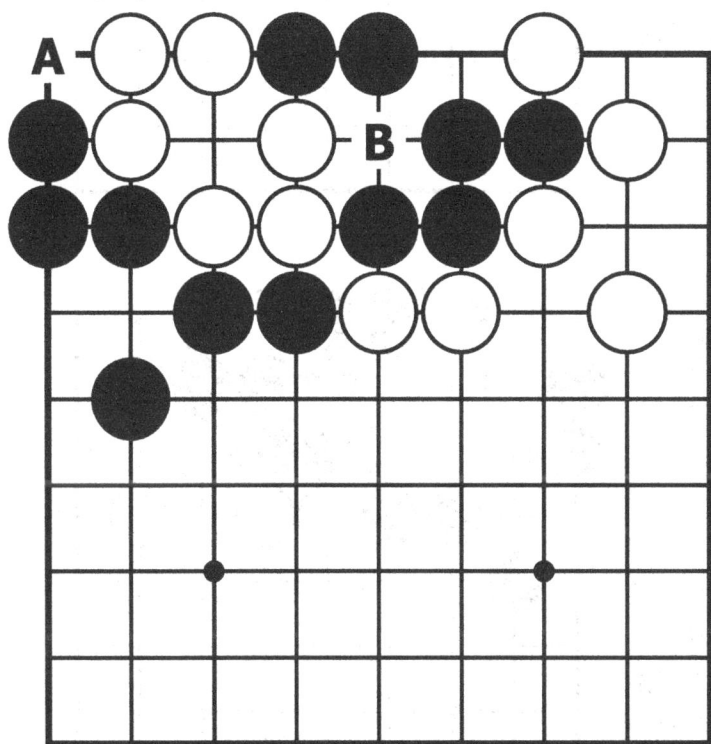

看一看「气」的类型，找出正确落子点，并在正确选项后面的括号中画「√」。

A（   ）   B（   ）

正 解

○

黑1选择正确。
先收外气，可以
吃掉白棋。

错 解

✕

黑1选择错误。
先收公气是对杀
的大忌，白2后，
黑棋被吃。

6 第 6 题（黑先）

难度：★★

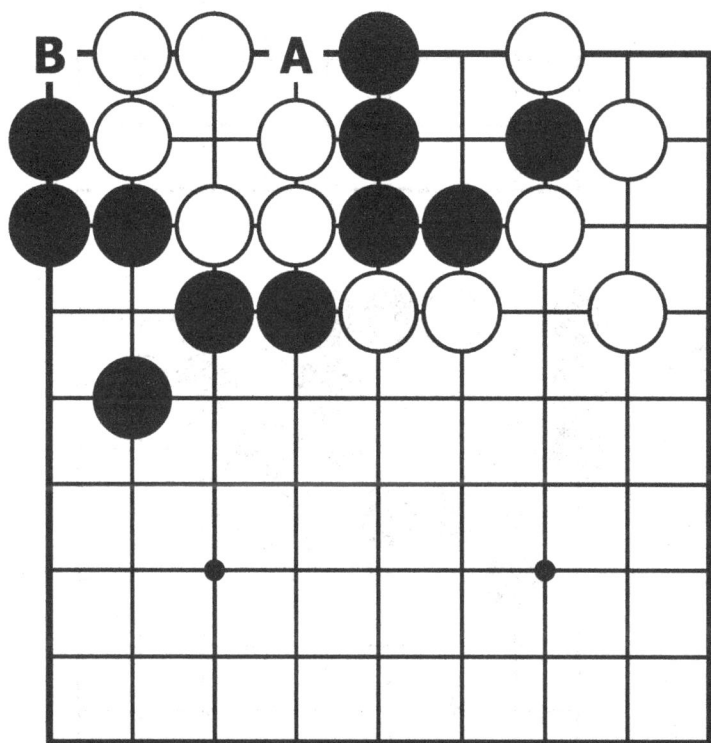

A（　　　） B（　　　）

看一看「气」的类型，找出正确落子点，并在正确选项后面的括号中画「✓」。

正解

○

黑 1 选择正确。
此处是收气的要
点,可以吃掉白棋。

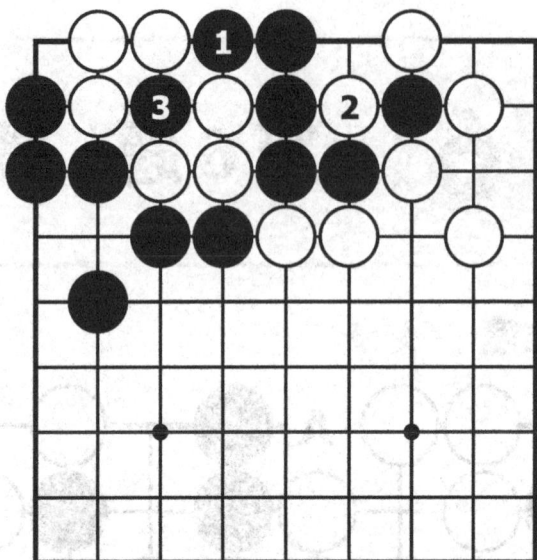

错解

✕

黑 1 选择错误。
并没有收住白气。
白 2 后,形成"有
眼杀无眼",黑
棋被吃。

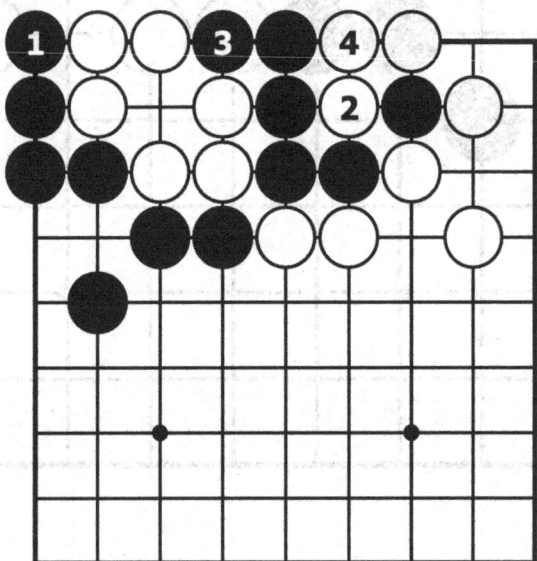

102

7 第7题（黑先）

难度：★★

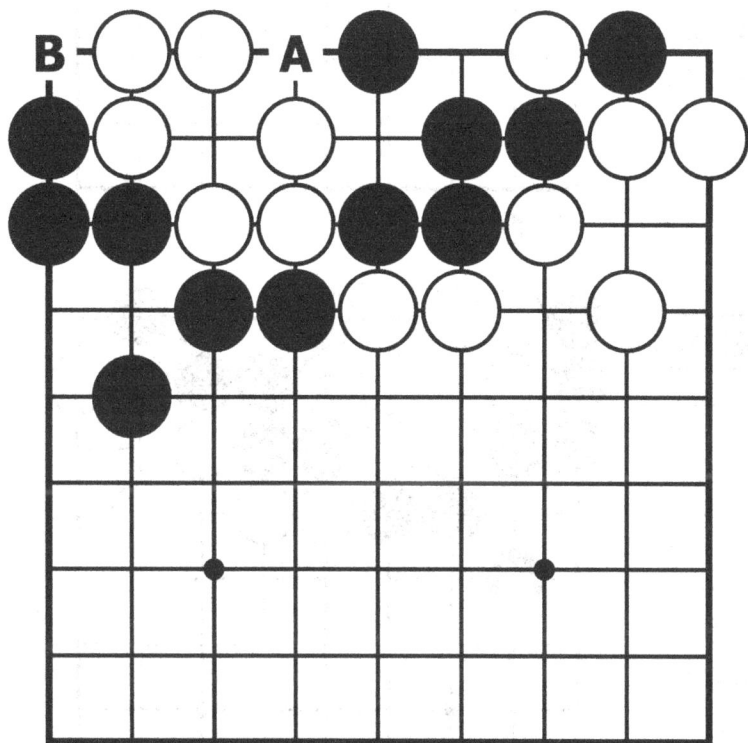

看一看「气」的类型，找出正确落子点，并在正确选项后面的括号中画「√」。

A（　　）　　B（　　）

正解

◯

黑 1 选择正确。
先占据要点，可
以吃掉白棋。

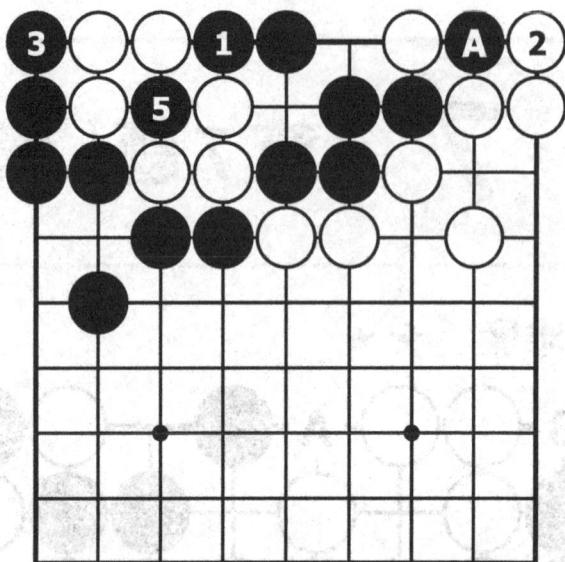

④ = Ⓐ

错解

✕

黑 1 选择错误。
并没有收住白棋
的气，白 2 后，
黑棋被吃。

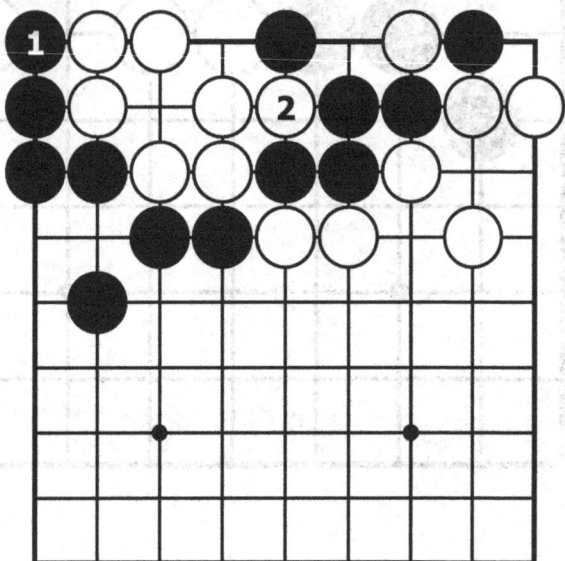

8 第8题（黑先）

难度：★★

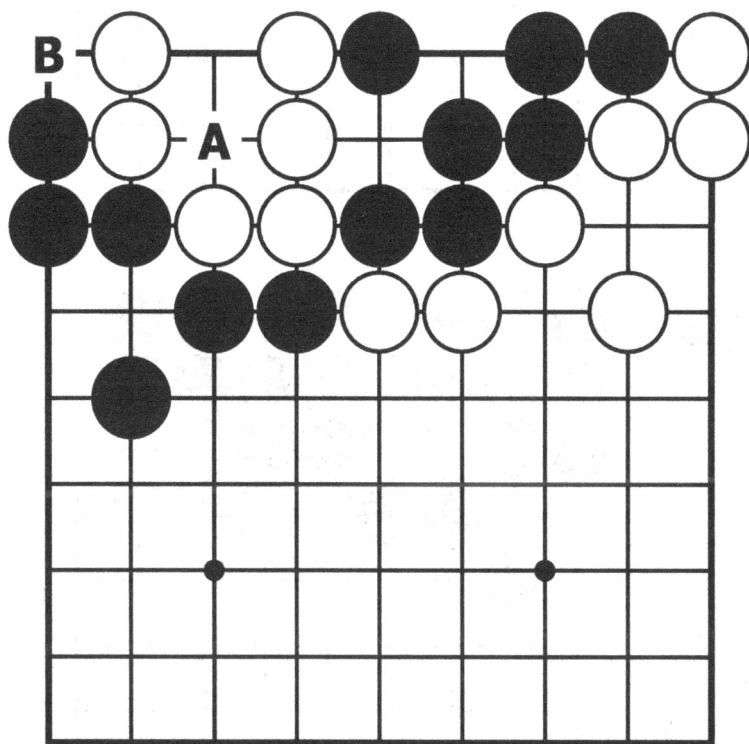

看一看「气」的类型，找出正确落子点，并在正确选项后面的括号中画「✓」。

A（　　）　　B（　　）

正解

○

黑1选择正确。如
此可以形成双活。

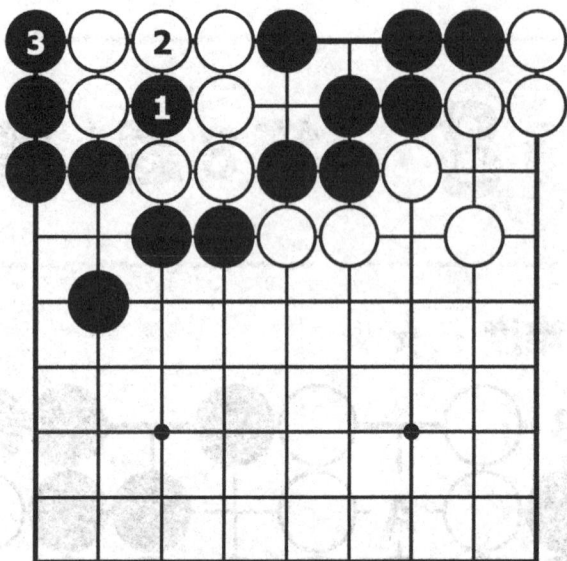

错解

✕

黑1选择错误。
先收公气是对杀
的大忌，白2后，
黑棋被吃。

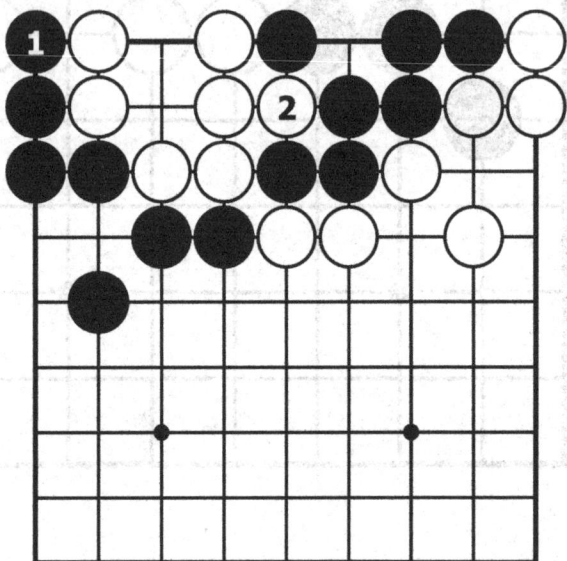

9 第9题(黑先)

难度:★★

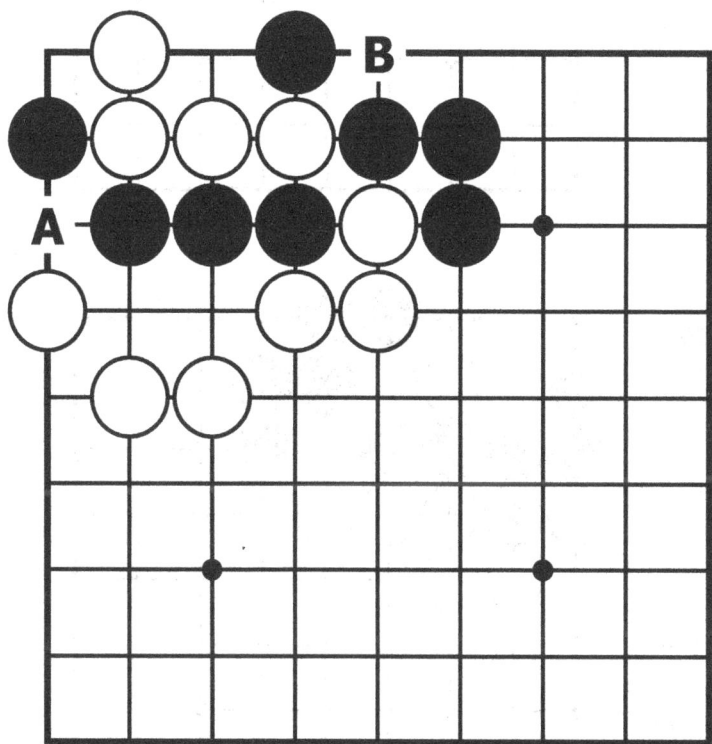

看一看「气」的类型,找出正确落子点,并在正确选项后面的括号中画「√」。

A( )　　B( )

正解

○

黑 1 选择正确。
先收外气，可以
吃掉白棋。

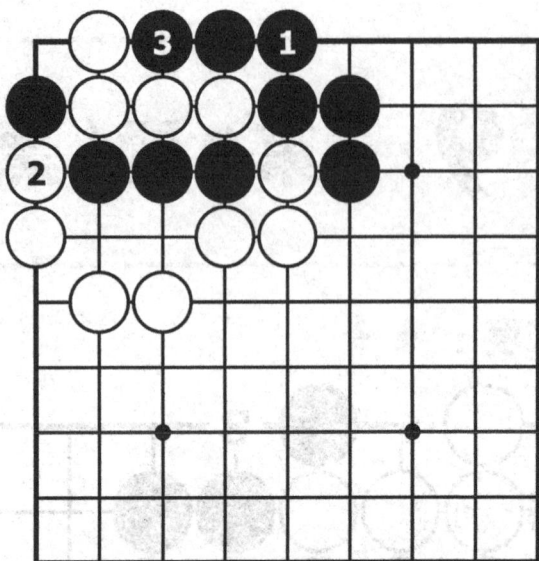

错解

✕

黑 1 选择错误。
先收公气是对杀
的大忌，白2后，
黑棋被吃。

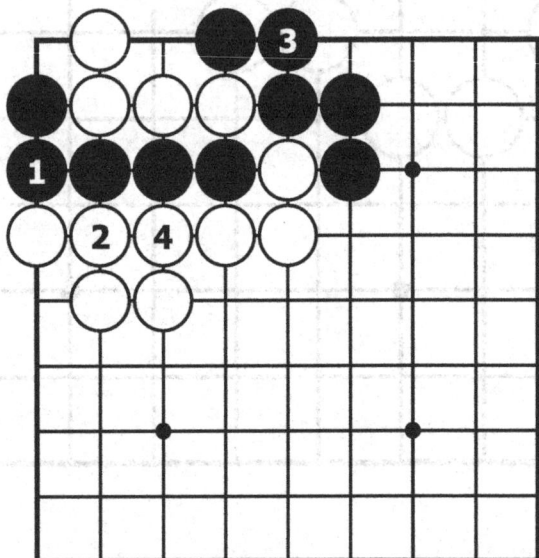

10 第10题（黑先）

难度：★★

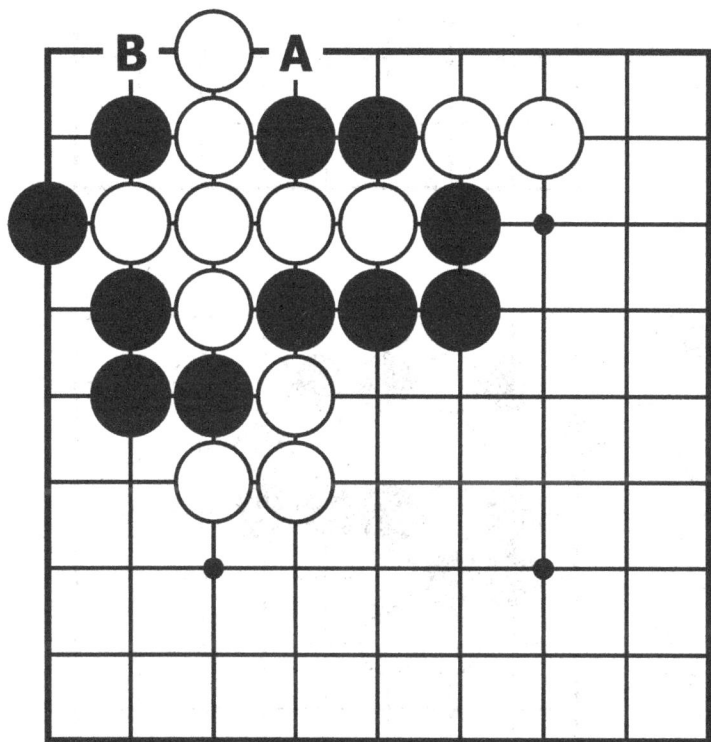

看一看「气」的类型，找出正确落子点，并在正确选项后面的括号中画「√」。

A（　　） 　B（　　）

正解

⭕

黑 1 选择正确。
先收外气，可以
吃掉白棋。

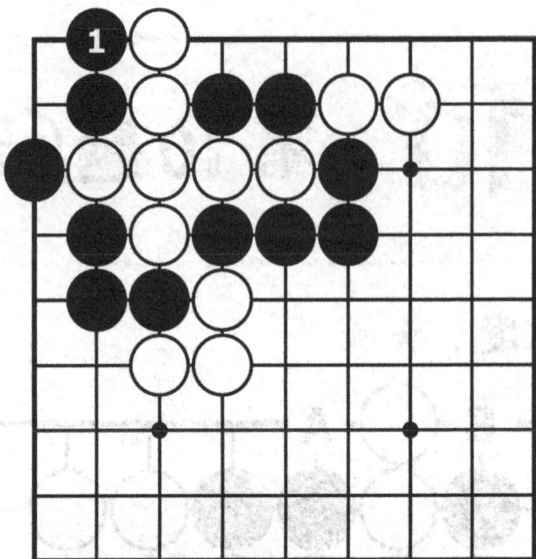

错解

✖

黑 1 选择错误。
先收公气是对杀
的大忌，白 2 后，
黑棋被吃。

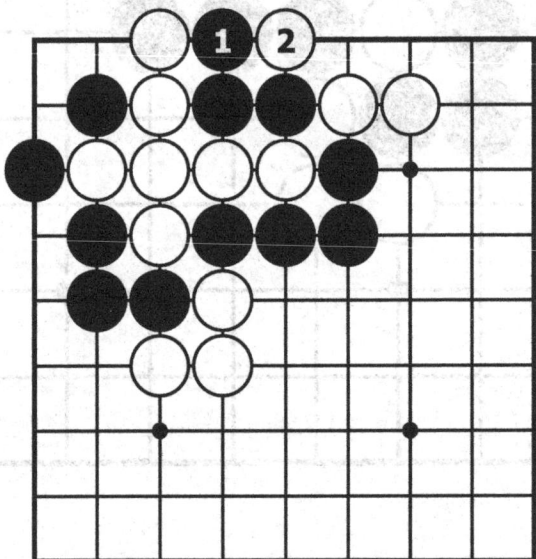

11 第11题（黑先）

难度：★★

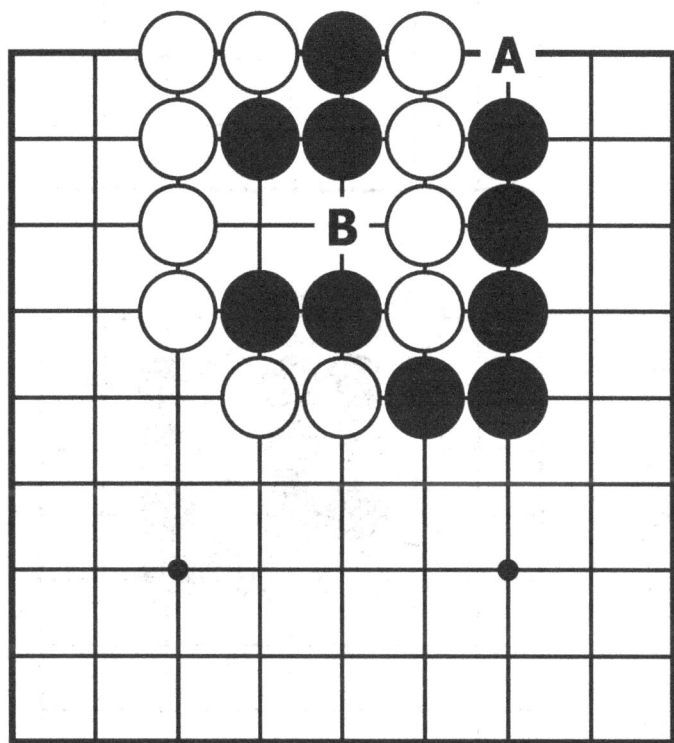

看一看「气」的类型，找出正确落子点，并在正确选项后面的括号中画「√」。

A（　　）　　B（　　）

正 解

◯

黑 1 选择正确。
先收外气，可以
吃掉白棋。

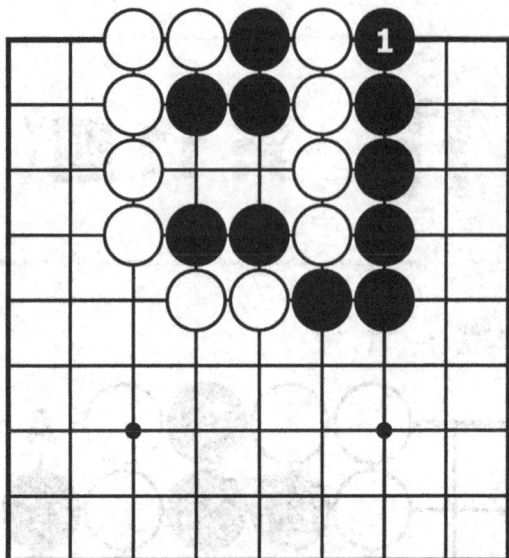

错 解

✕

黑 1 选择错误。
先收公气是对杀
的大忌，白2后，
黑棋被吃。

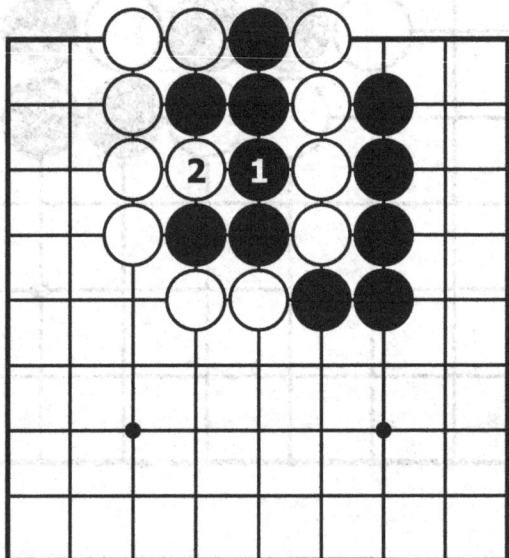

12 第12题（黑先）

难度：★★

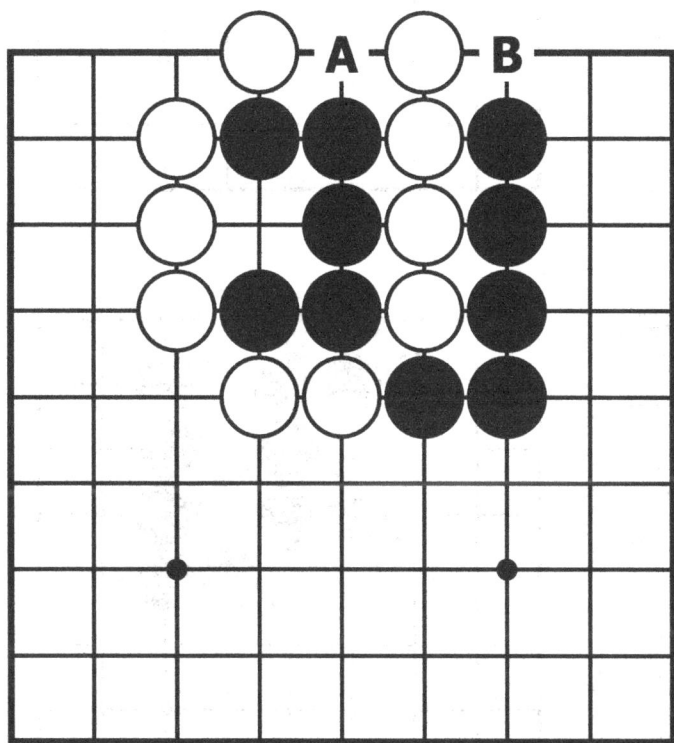

看一看「气」的类型，找出正确落子点，并在正确选项后面的括号中画「∨」。

A（　　）　　B（　　）

正 解

◯

黑 1 选择正确。
先收外气，可以
吃掉白棋。

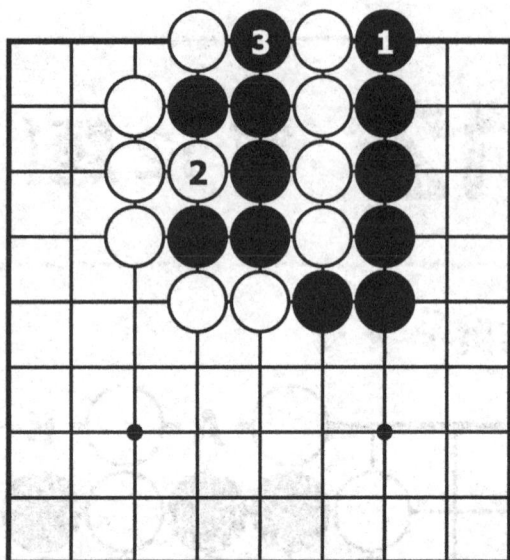

错 解

✕

黑 1 选择错误。
先收公气是对杀
的大忌，白2后，
黑棋被吃。

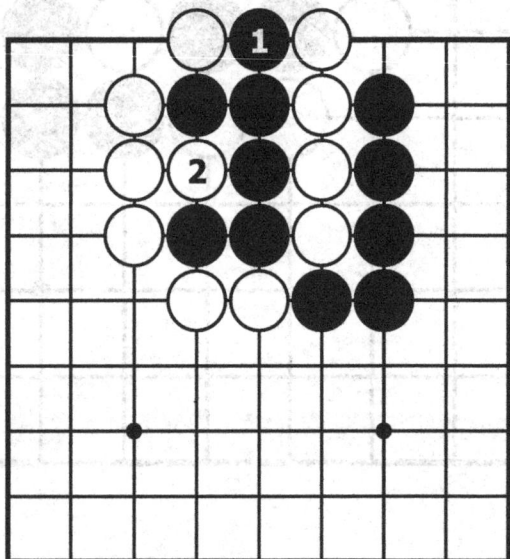

114

13 Q 第13题（黑先）

难度：★★

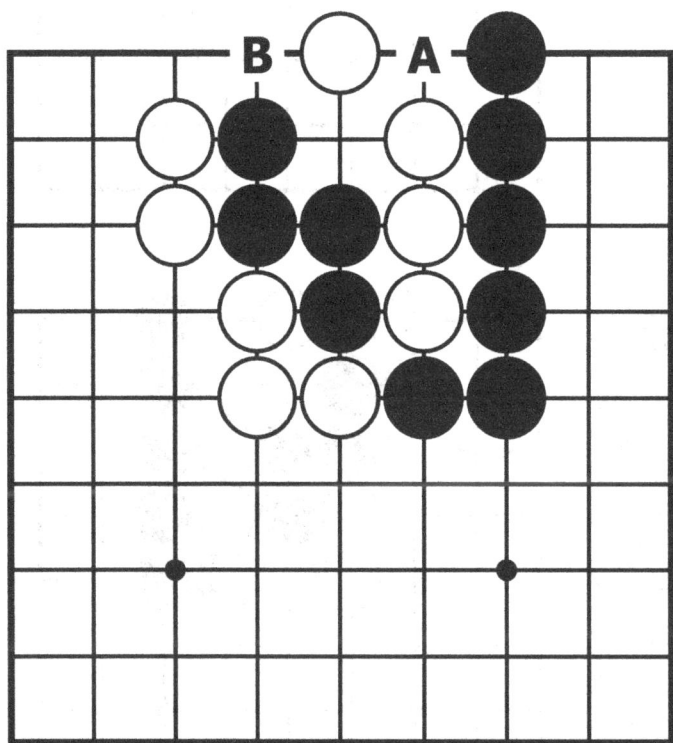

A（　　）　　B（　　）

正解

○

黑1选择正确。
先收外气，可以
吃掉白棋。

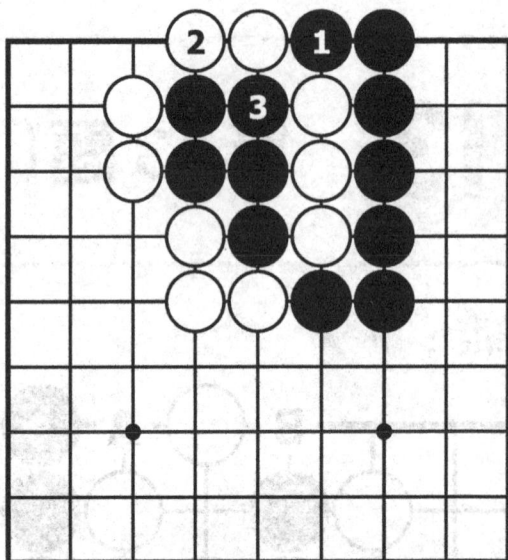

错解

✕

黑1选择错误。
并没有收住白棋
的气，白2后，
黑棋被吃。

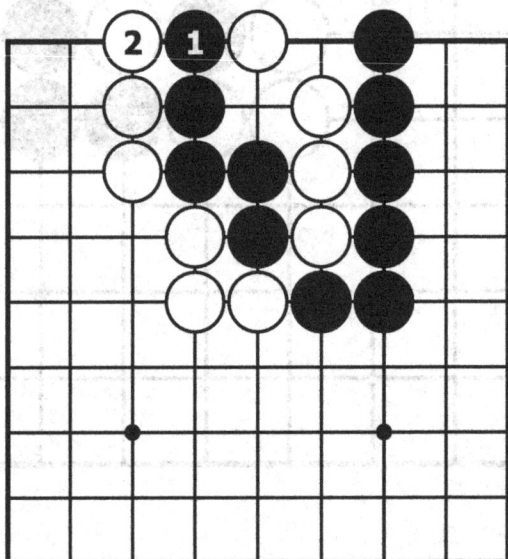

116

14 第14题（黑先）

难度：★★

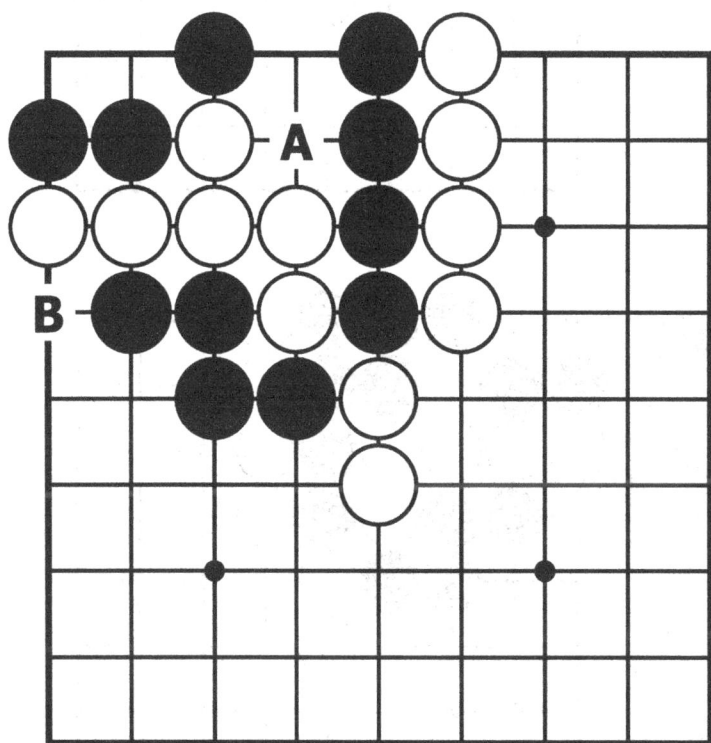

看一看「气」的类型，找出正确落子点，并在正确选项后面的括号中画「√」。

A（　　）　　B（　　）

正 解

◯

黑 1 选择正确。
先收外气，可以
吃掉白棋。

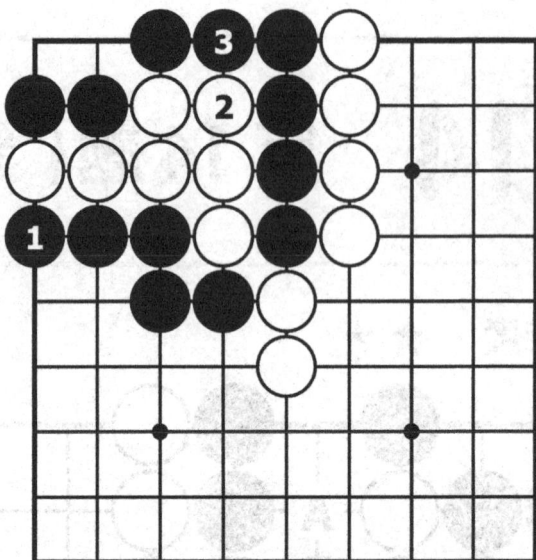

错 解

✕

黑 1 选择错误。
先收公气是对杀
的大忌，白 2 后，
黑棋被吃。

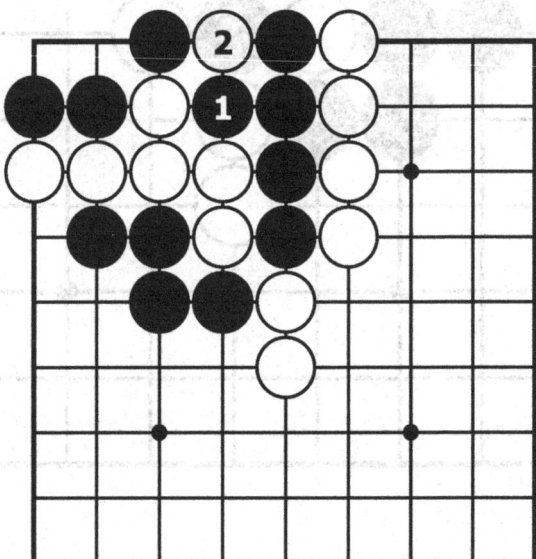

15 第 15 题（黑先）

难度：★ ★

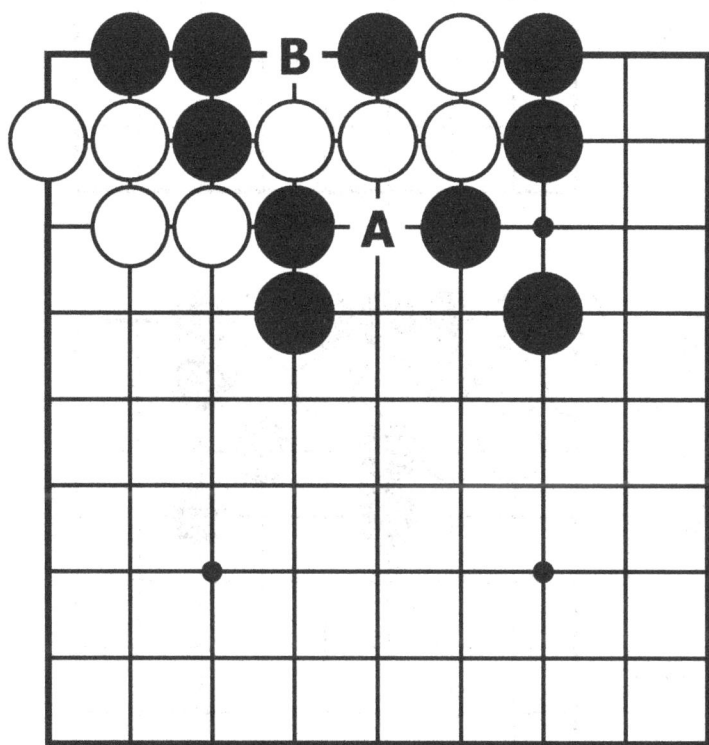

看一看「气」的类型，找出正确落子点，并在正确选项后面的括号中画「√」。

A（　　） B（　　）

正解

〇

黑 1 选择正确。
先收外气，可以
吃掉白棋。

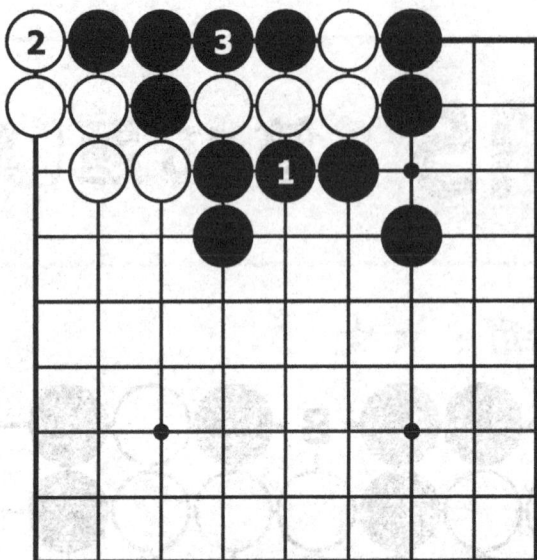

错解

✕

黑 1 选择错误。
先收公气是对杀
的大忌，白2后，
黑棋被吃。

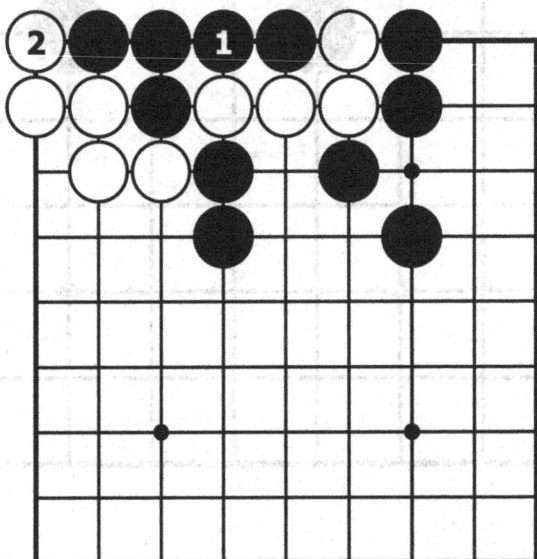

16 第16题（黑先）

难度：★★

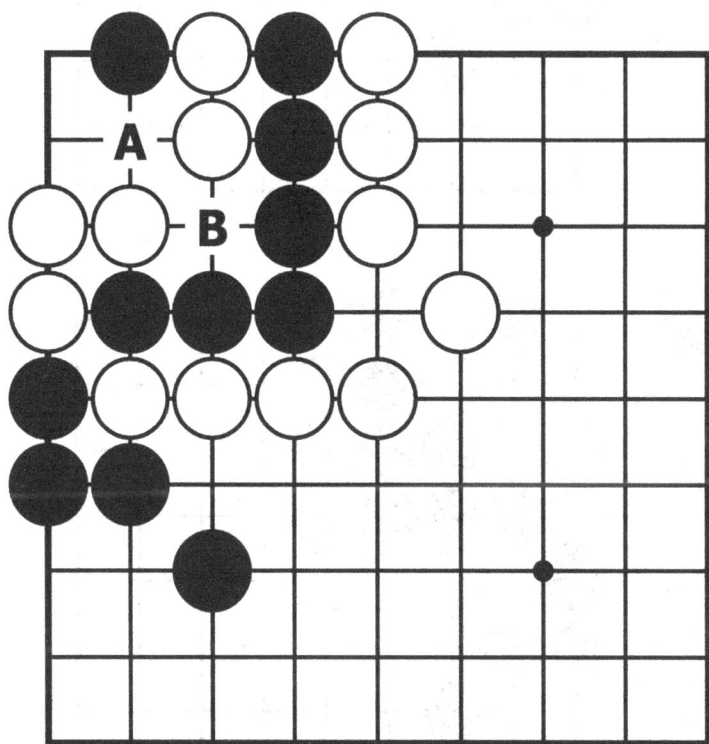

看一看「气」的类型，找出正确落子点，并在正确选项后面的括号中画「✓」。

A（　　　） B（　　　）

正 解

◯

黑 1 选择正确。
先收外气，可以
吃掉白棋。

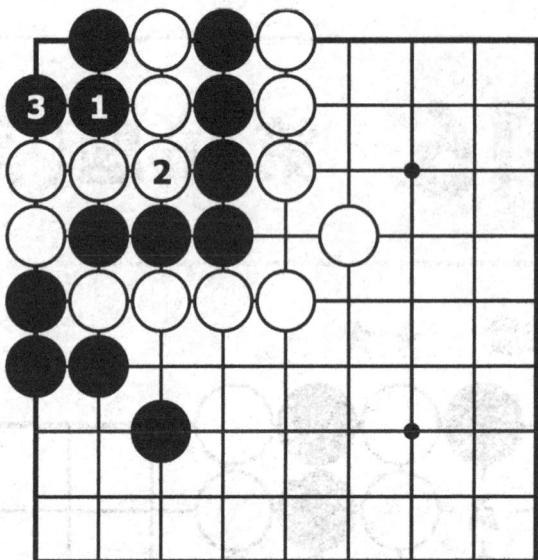

错 解

✕

黑 1 选择错误。
先收公气是对杀
的大忌，白 2 后，
黑棋被吃。

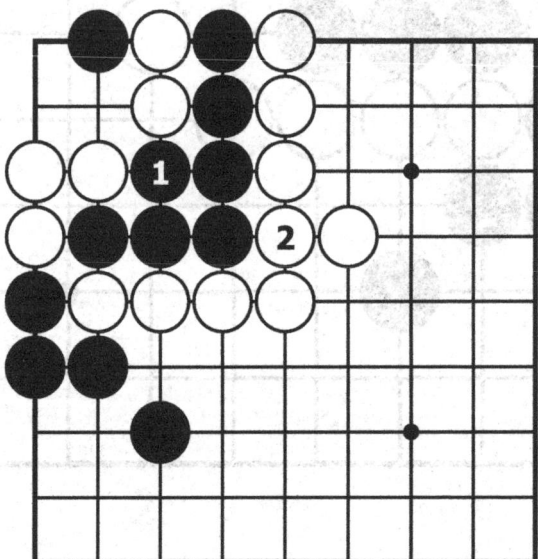

17 第17题（黑先）

难度：★★

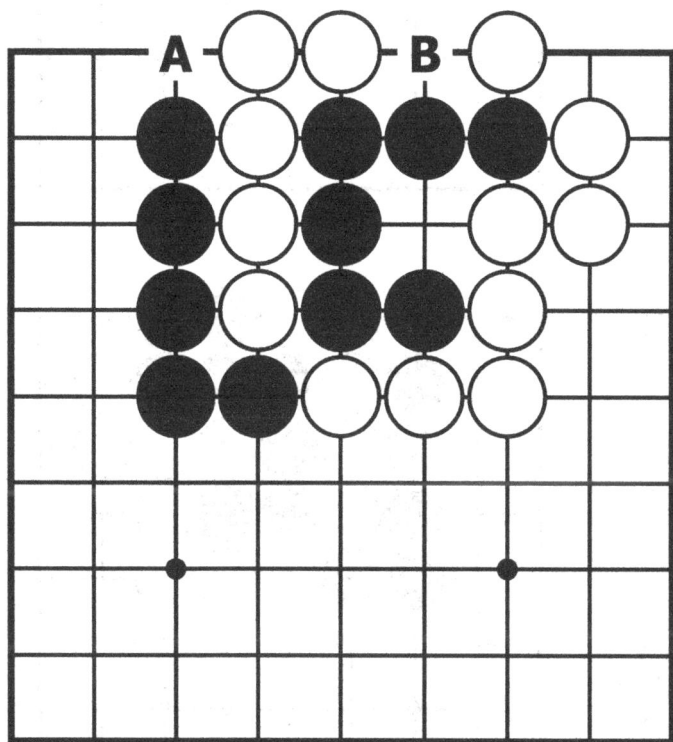

看一看「气」的类型，找出正确落子点，并在正确选项后面的括号中画「√」。

A（　　　）　　B（　　　）

正解

○

黑 1 选择正确。
先收外气，可以
吃掉白棋。

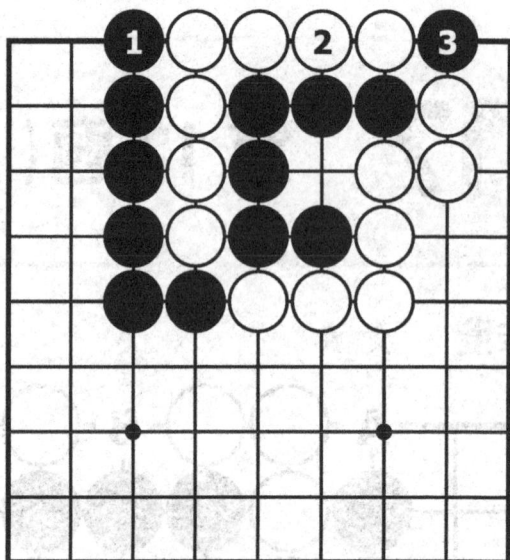

错解

✕

黑 1 选择错误。
先收公气是对杀
的大忌，白 2 后，
黑棋被吃。

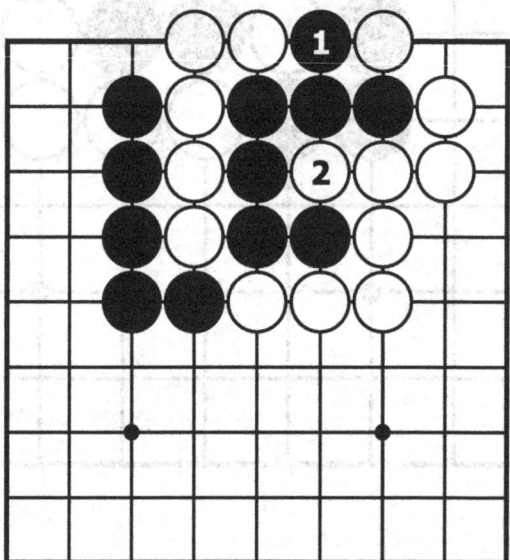

18 第18题（黑先）

难度：★★

看一看「气」的类型，找出正确落子点，并在正确选项后面的括号中画「√」。

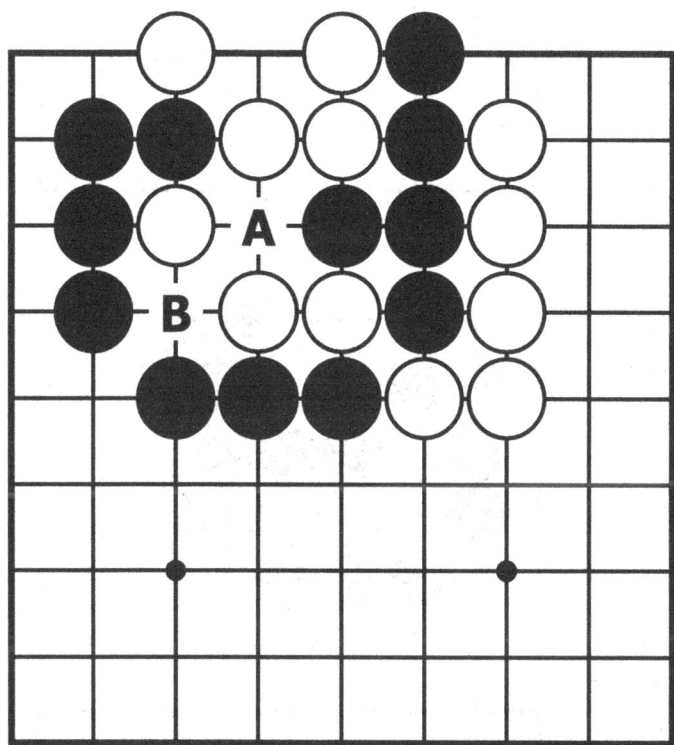

A（　　）　　B（　　）

正解

〇

黑1选择正确。
先收外气，可以
吃掉白棋。

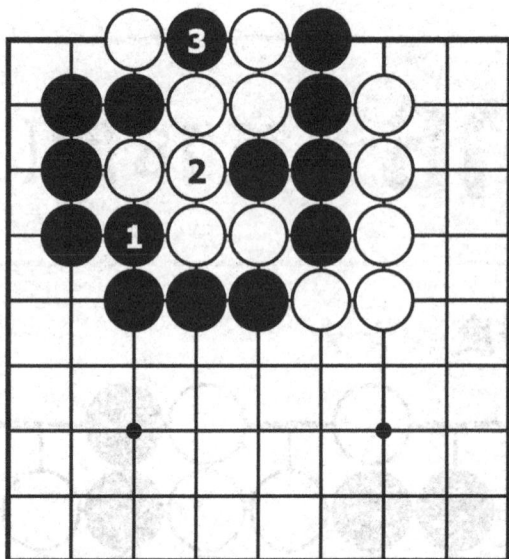

错解

✕

黑1选择错误。
先收公气是对杀
的大忌，白2后，
黑棋被吃。

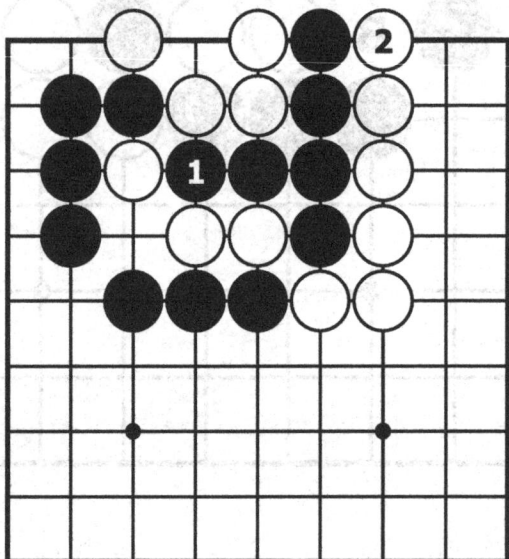

19

第 19 题（黑先）

难度：★★

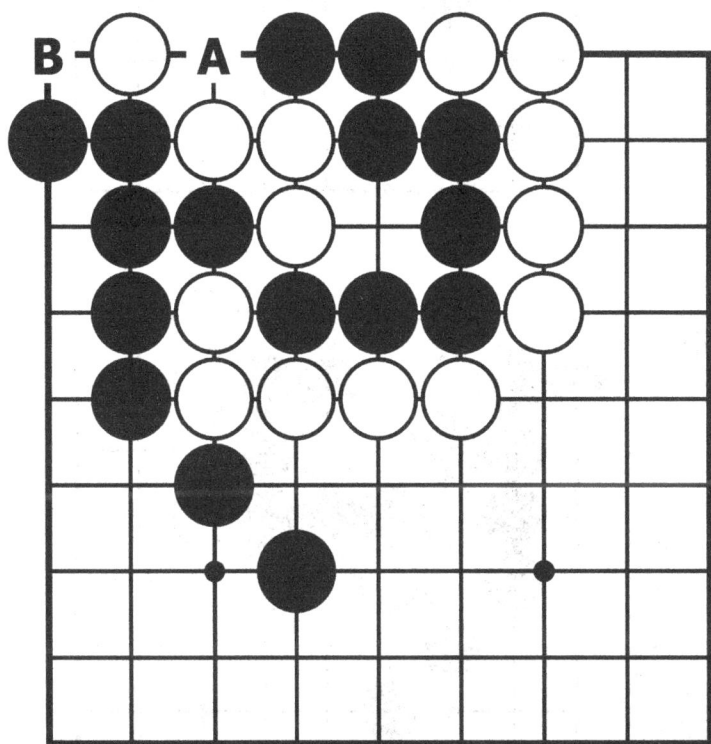

看一看「气」的类型，找出正确落子点，并在正确选项后面的括号中画「√」。

A（　　）　　B（　　）

正 解

◯

黑 1 选择正确。
先收外气，可以
吃掉白棋。

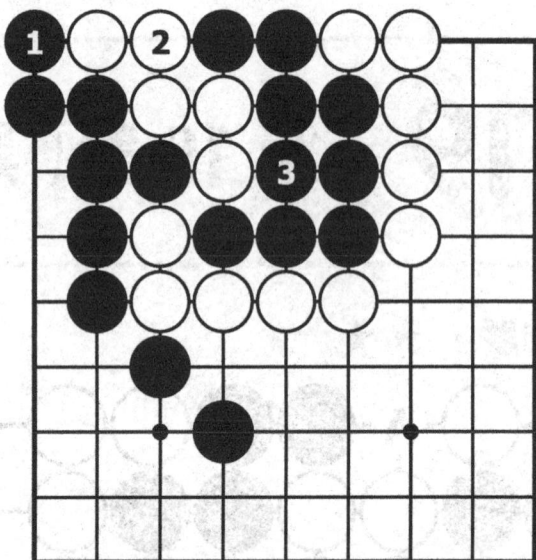

错 解

✕

黑 1 选择错误。
先收公气是对杀
的大忌，白 2 后，
黑棋被吃。

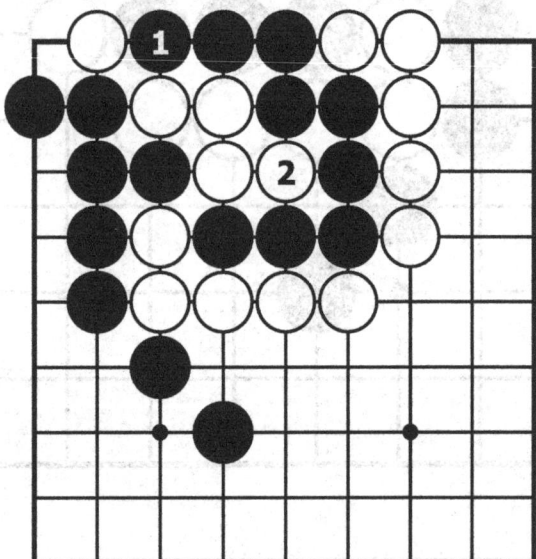

20

第20题（黑先）

难度：★★

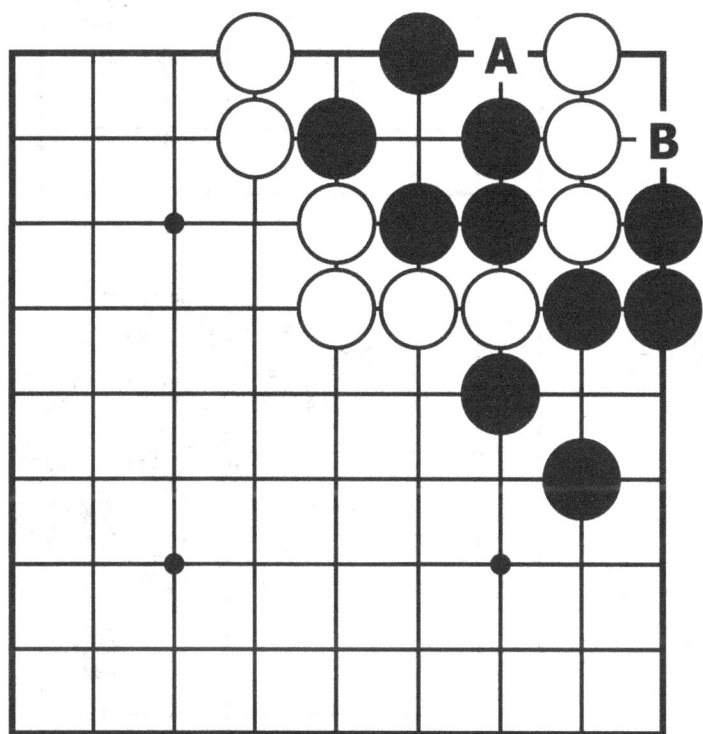

看一看「气」的类型，找出正确落子点，并在正确选项后面的括号中画「✓」。

A（　　） B（　　）

正解

⭕

黑 1 选择正确。
先收外气，可以
吃掉白棋。

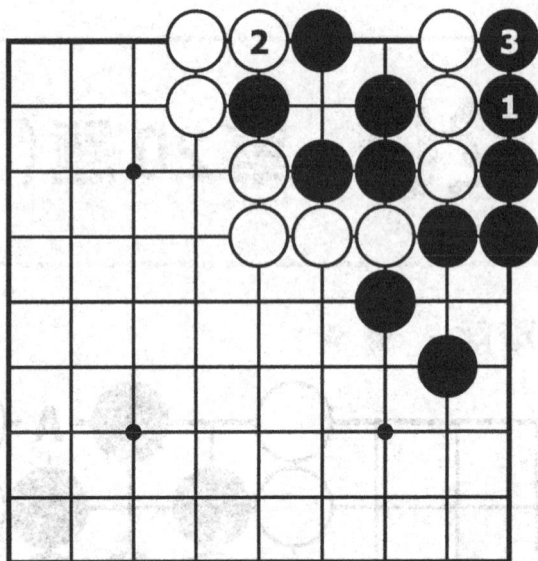

错解

✖

黑 1 选择错误。
先收公气是对杀
的大忌，白 2 后，
黑棋被吃。

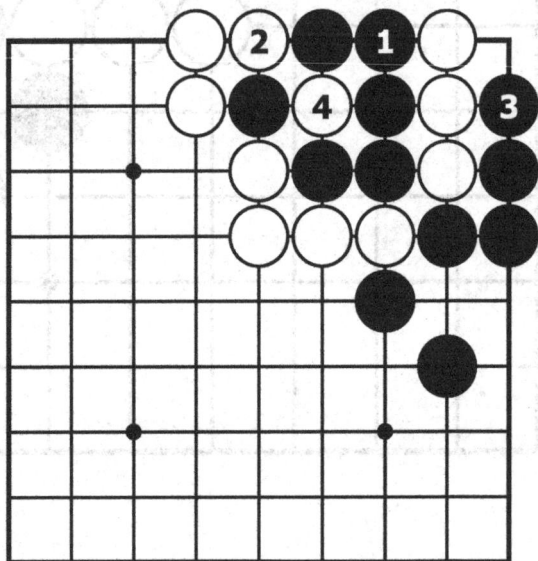

第3章
收气的要点

3.1 "眼"的要点

本节主要学习如何利用"眼"来进行对杀。如果己方有眼，对方无眼，对杀中所有的"公气"都将成为我们的"外气"，因为这些都是对方需要收紧的气。如何争取眼位，破坏对方眼位是本节的主题。

小贴士 | "有眼杀无眼""大眼杀小眼"是我们需要牢记的两句口诀。在对杀中，尽量争取做出眼位，通常都是正确的选择。不过万事都有例外，有些情况也要考虑到延气与紧气的问题，一味做眼并不明智，这需要谨慎判断。

Q 1 第1题（黑先）

难度：★ ★

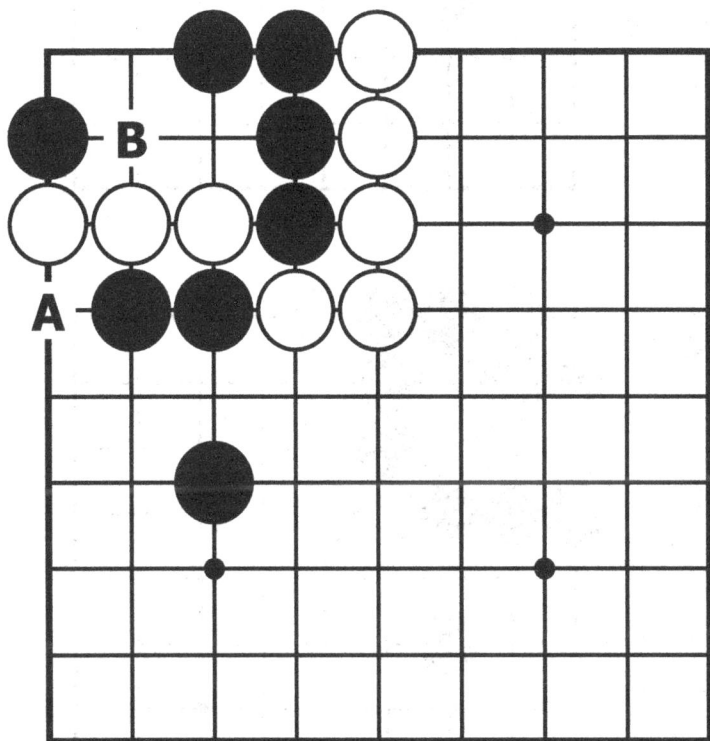

A（　　） B（　　）

仔细观察「眼」的重要性，再找到适当的落子点。在正确选项后面的括号中画「√」。

正解

⭕

黑 1 选择正确。
做出一只眼，可
以吃掉白棋。

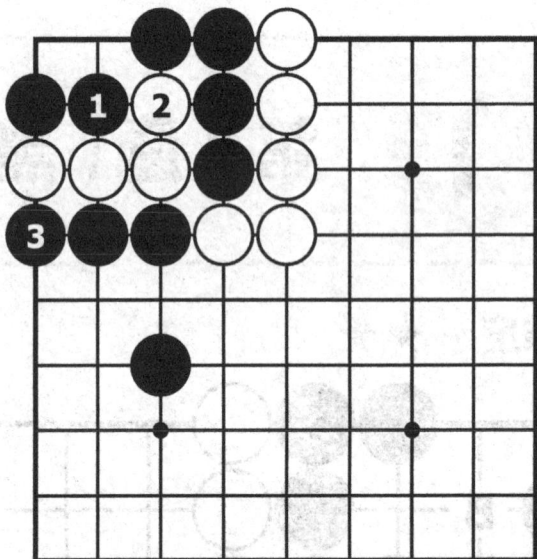

错解

❌

黑 1 选择错误。
直接收气并不成
立，白 2 后，黑
棋被吃。

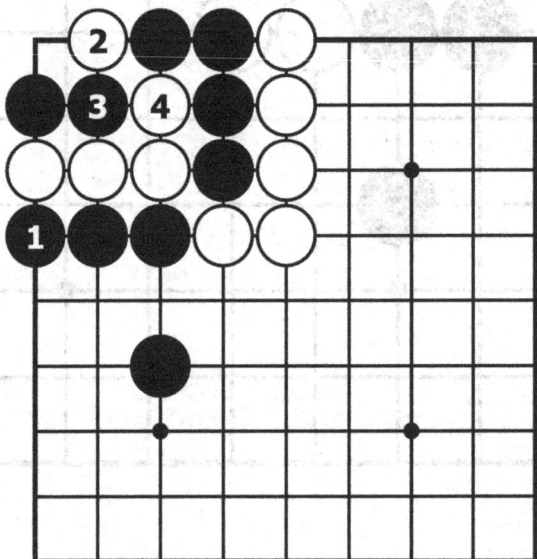

2 第 2 题（黑先）

难度：★★

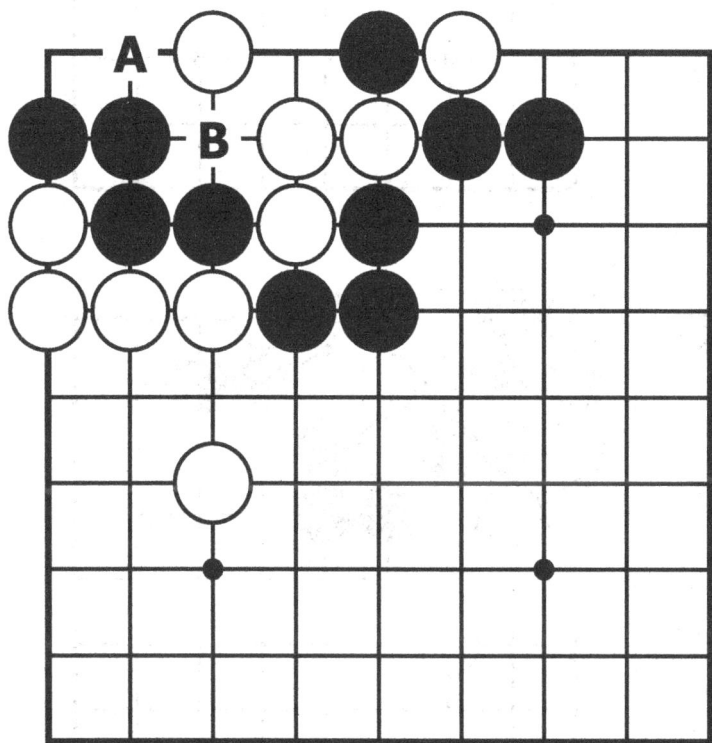

仔细观察「眼」的重要性，再找到适当的落子点。在正确选项后面的括号中画「✓」。

A（　　）　　B（　　）

正解

○

黑 1 选择正确。
做出一只眼，可
以吃掉白棋。

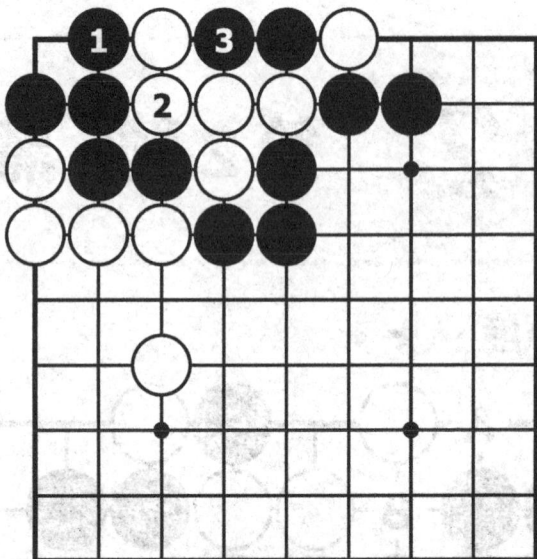

错解

✕

黑1选择错误。
直接收气并不成
立，白2后，黑
棋被吃。

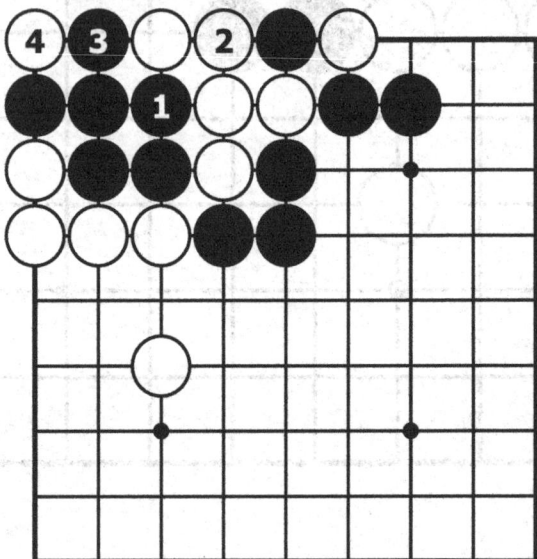

3 第3题（黑先）

难度：★★

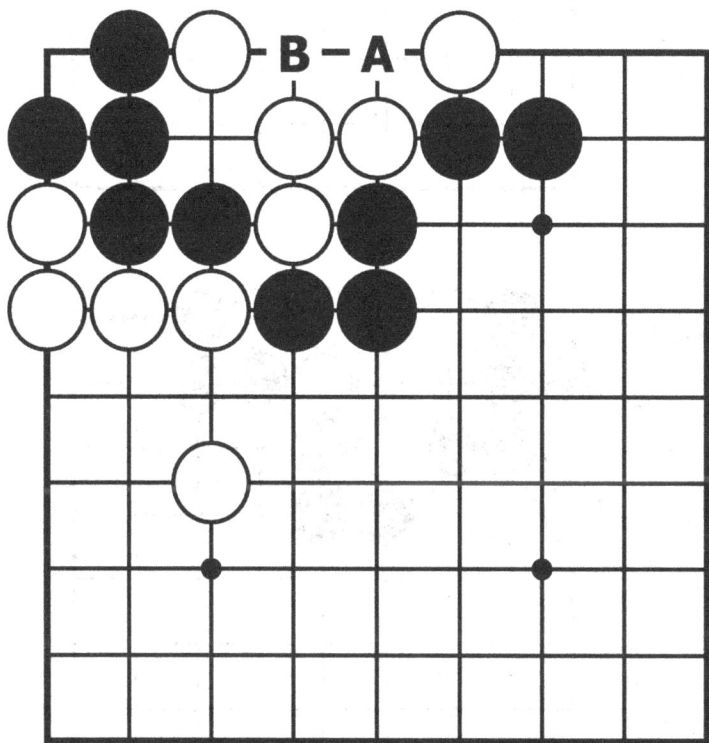

A（　　）　　B（　　）

正 解

〇

黑 1 选择正确。
破坏对方一只眼，
可以吃掉白棋。

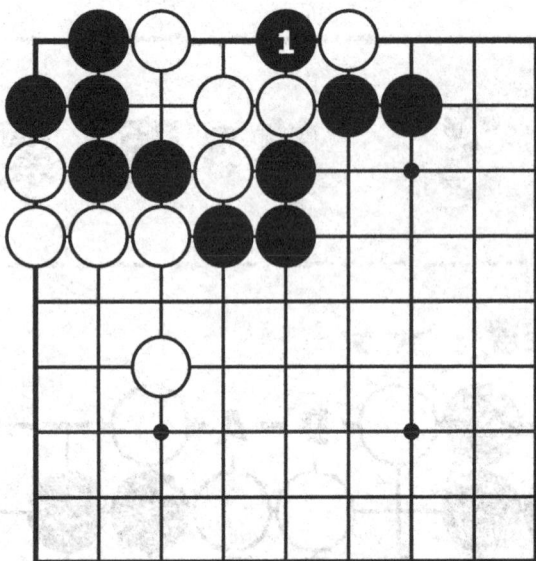

错 解

✕

黑 1 选择错误。
扑错了方向，白
2 后，局部形成
双活。

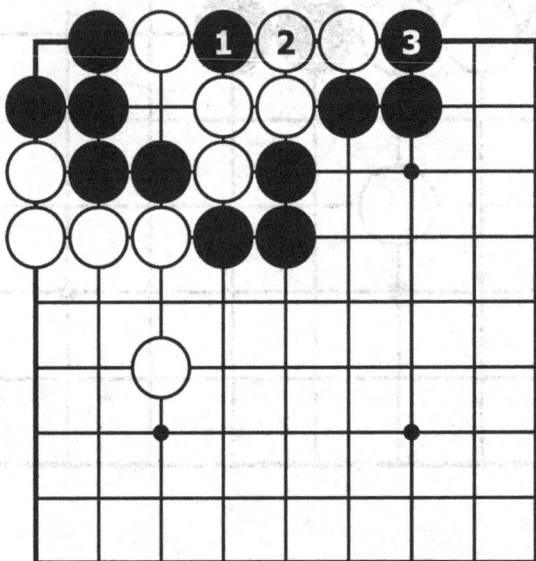

4 第4题(黑先)

难度 : ★★

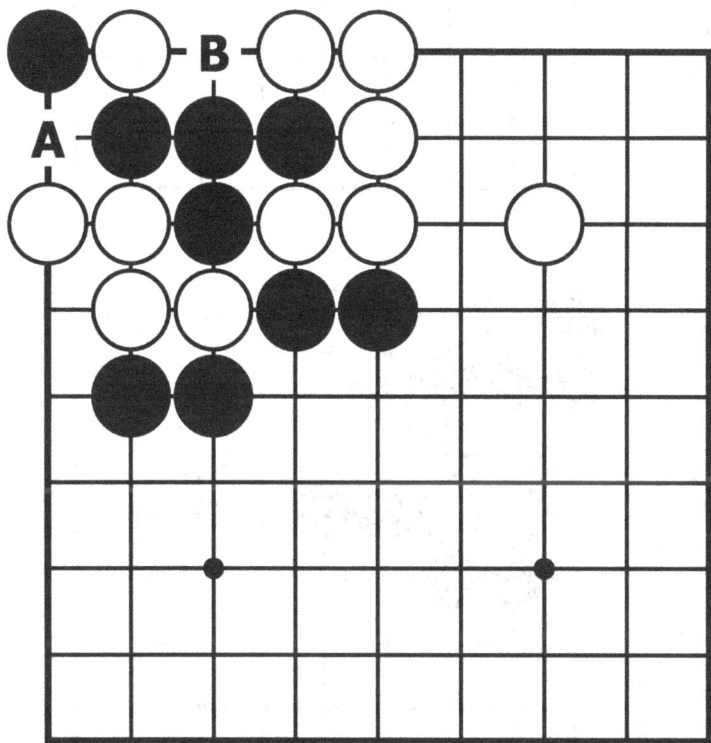

A( )　　B( )

仔细观察「眼」的重要性，再找到适当的落子点。在正确选项后面的括号中画「∨」。

正解

○

黑 1 选择正确。
做出一只眼，可
以吃掉白棋。

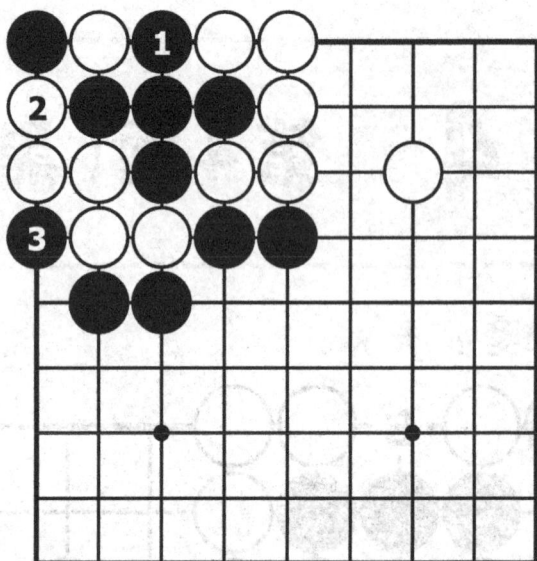

错解

×

黑 1 选择错误。
直接收气并不成
立，白 2 后，黑
棋被吃。

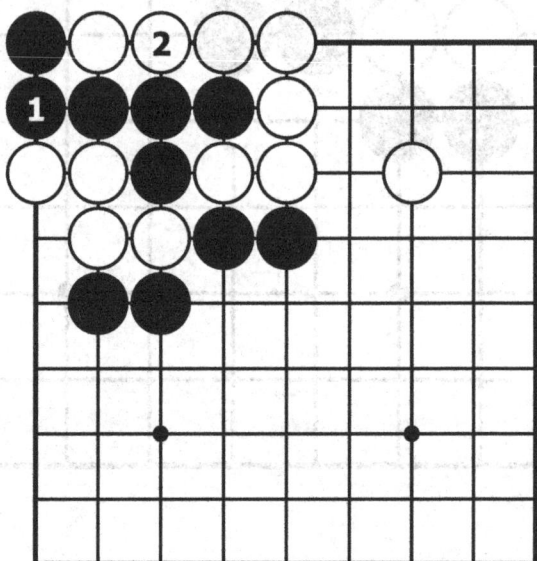

5 第5题（黑先）

难度：★★

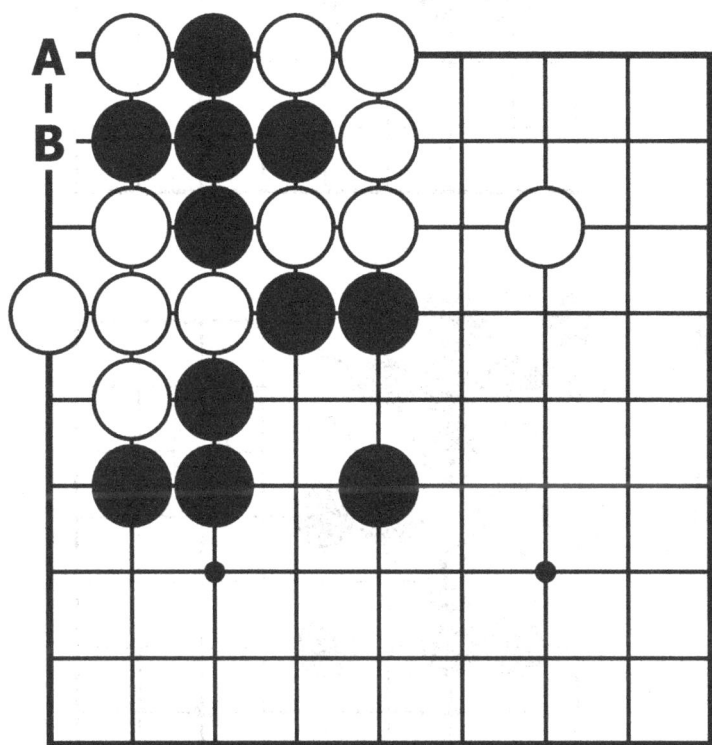

A（　　） B（　　）

仔细观察「眼」的重要性，再找到适当的落子点。在正确选项后面的括号中画「∨」。

正 解

○

黑 1 选择正确。
做出一只眼，可
以吃掉白棋。

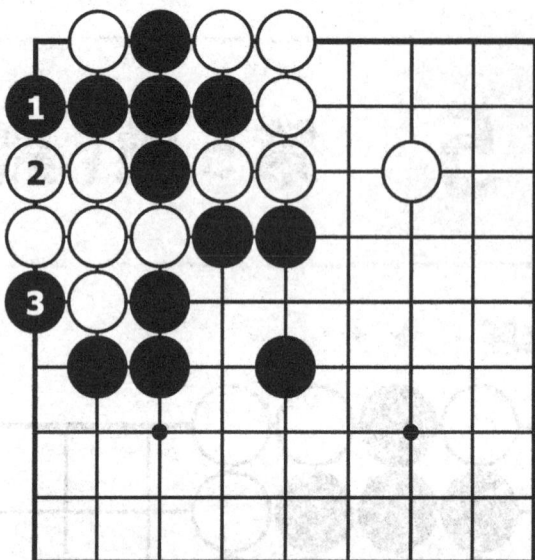

错 解

×

黑 1 选择错误。
白 2 后，局部形
成打劫。

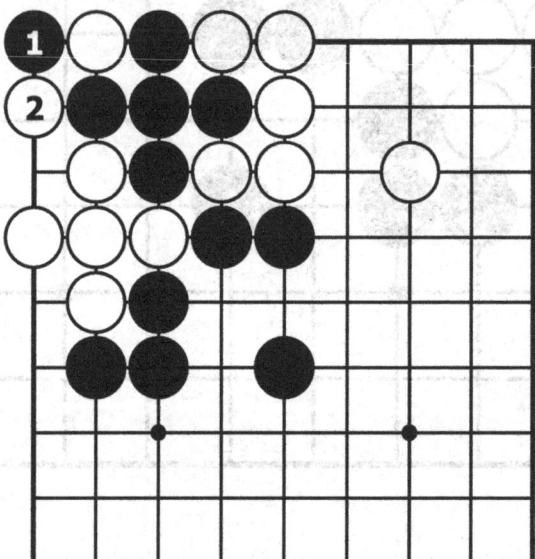

Q6 第6题（黑先）

难度：★★

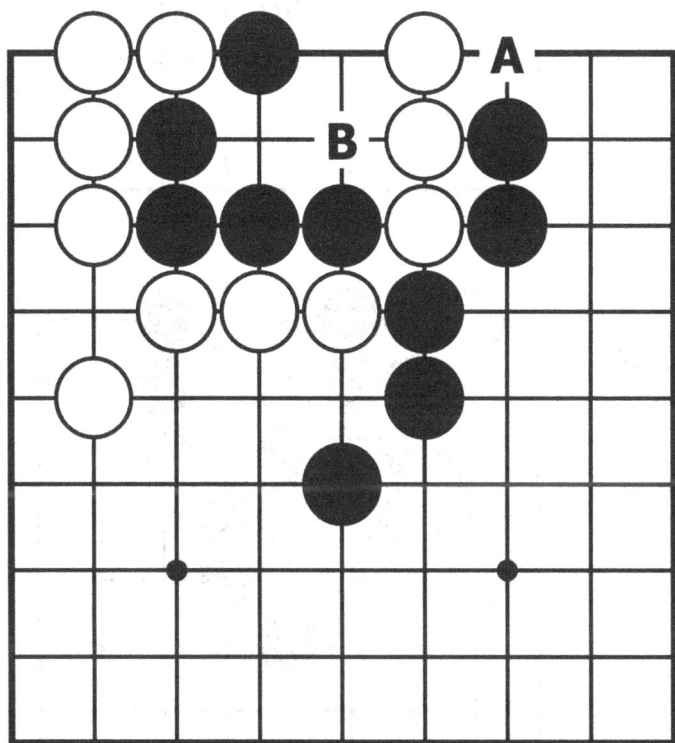

A（　　）　　B（　　）

正解

◯

黑 1 选择正确。
做出一只眼，可
以吃掉白棋。

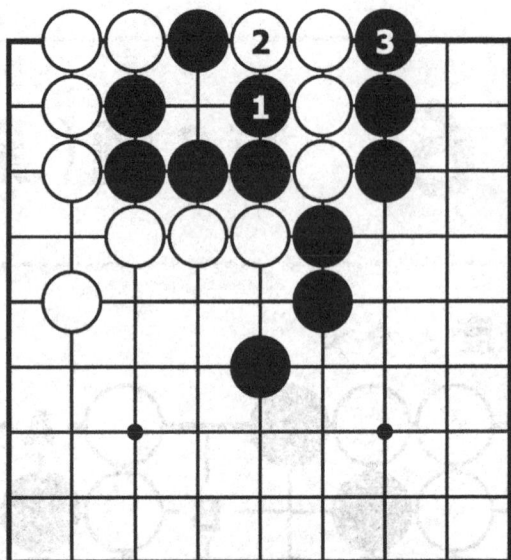

错解

✕

黑 1 选择错误。
直接收气并不成
立，白 2 后，黑
棋被吃。

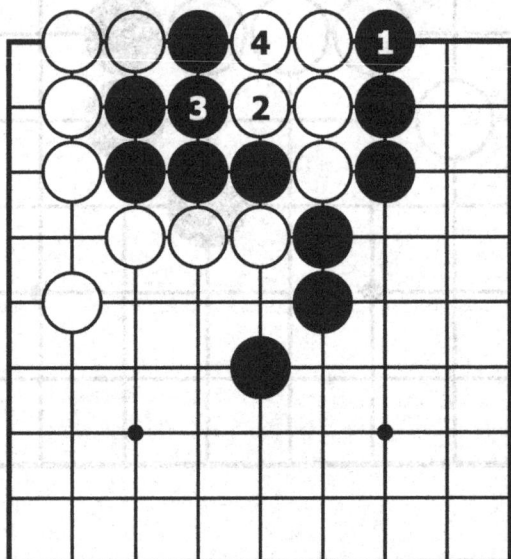

144

7 第7题（黑先）

难度：★★

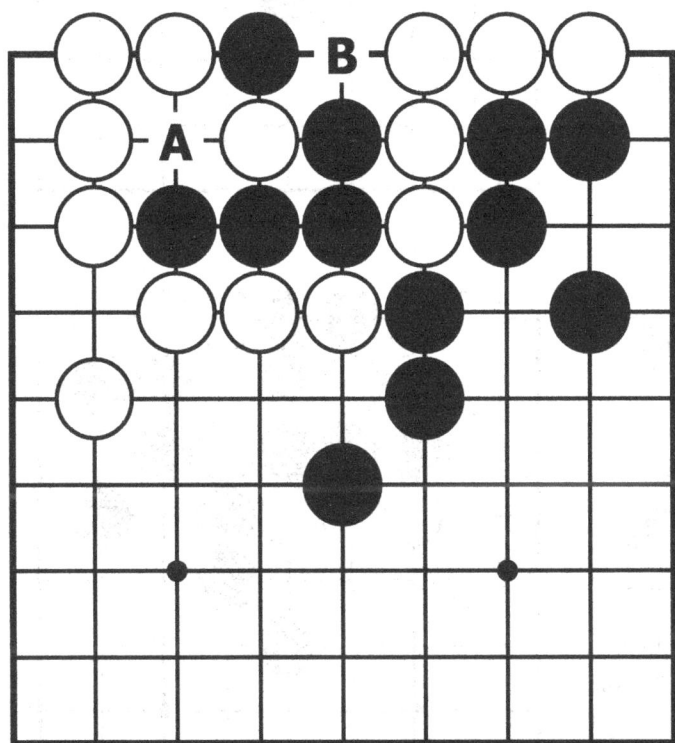

仔细观察「眼」的重要性，再找到适当的落子点。在正确选项后面的括号中画「✓」。

A（　　）　　B（　　）

正解

〇

黑1选择正确。
做出一只眼，可
以吃掉白棋。

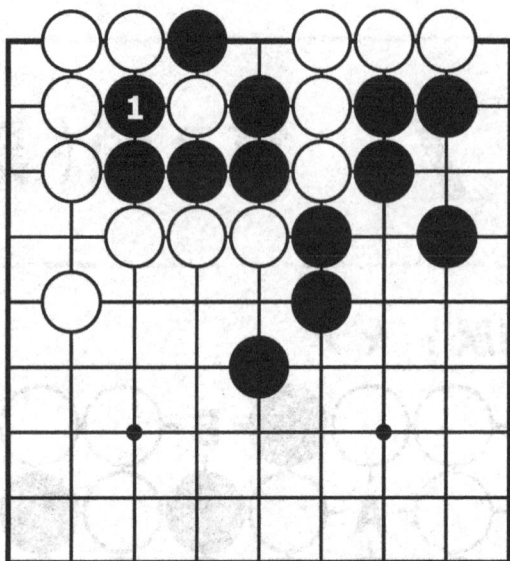

错解

✕

黑1选择错误。
直接收气并不成
立，白2后，黑
棋被吃。

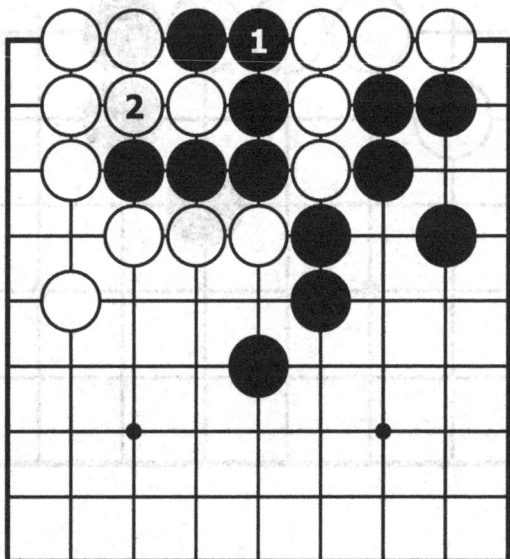

8 第8题（黑先）

难度：★★★

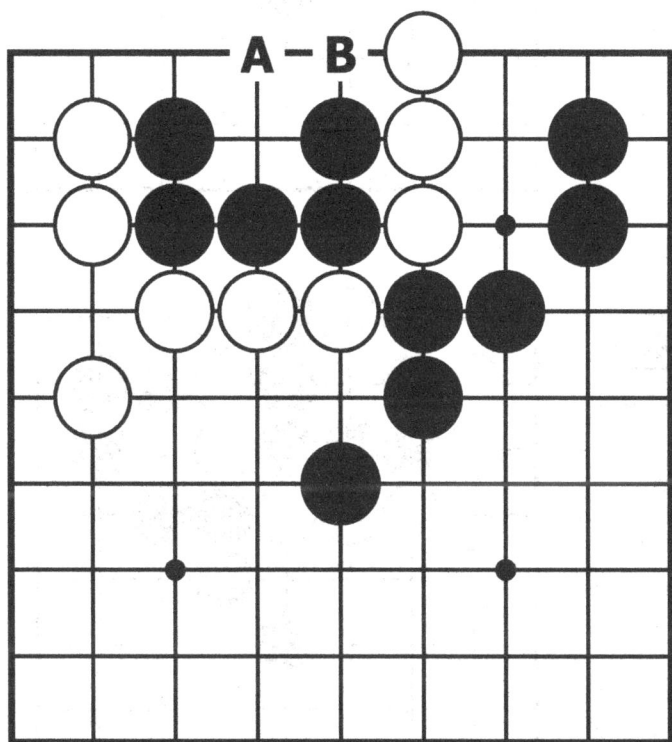

A（　　）　　B（　　）

正解

◯

黑1选择正确。
做出一只眼，可
以吃掉白棋。

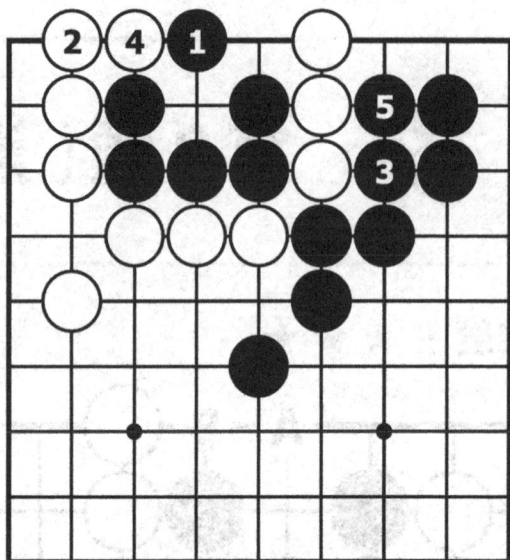

错解

✕

黑1选择错误。
直接收气并不成
立，白2后，黑
棋被吃。

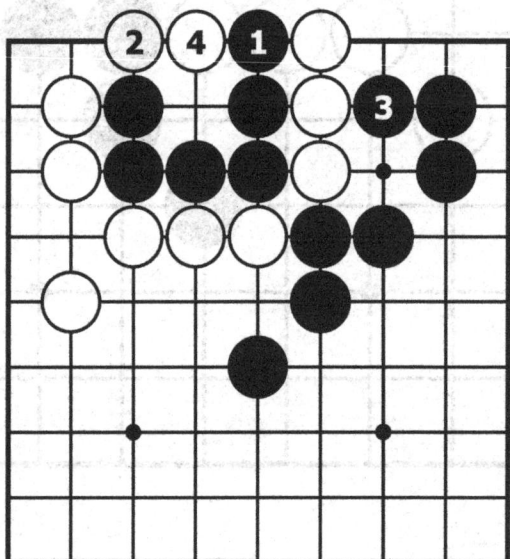

9 第9题（黑先）

难度：★ ★ ★

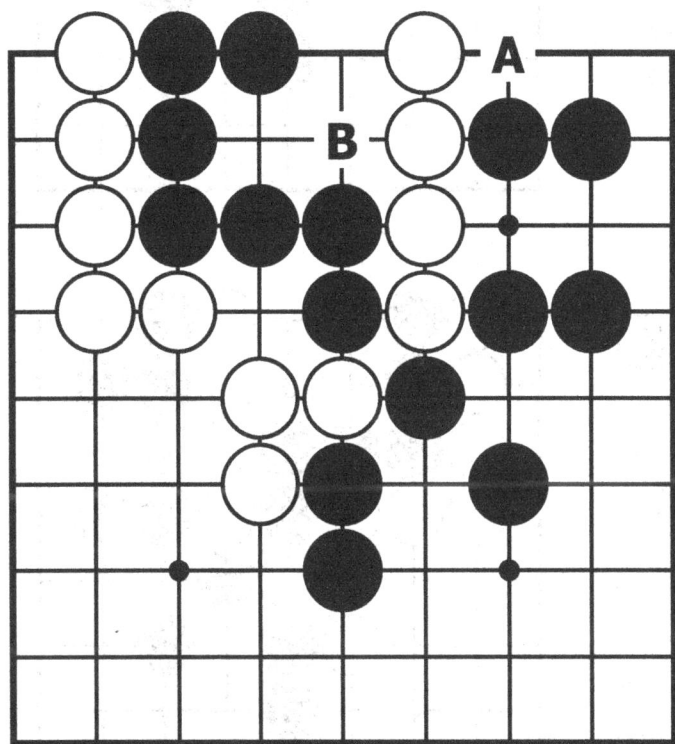

仔细观察「眼」的重要性，再找到适当的落子点。在正确选项后面的括号中画「✓」。

A（　　）　　B（　　）

正解

◯

黑1选择正确。
做出一只眼，可
以吃掉白棋。

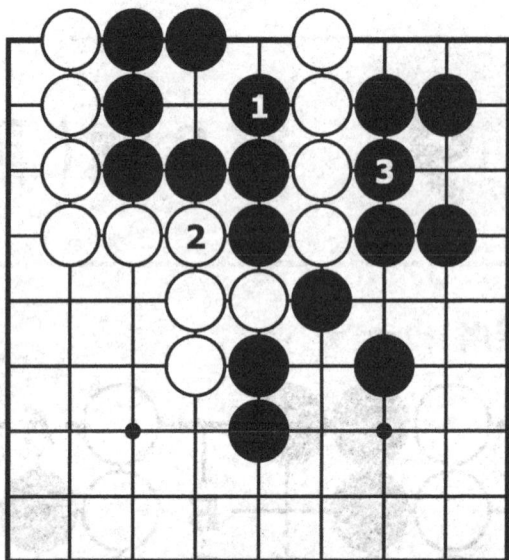

错解

✕

黑1选择错误。
直接收气不是最
佳选择，白2后，
局部形成双活。

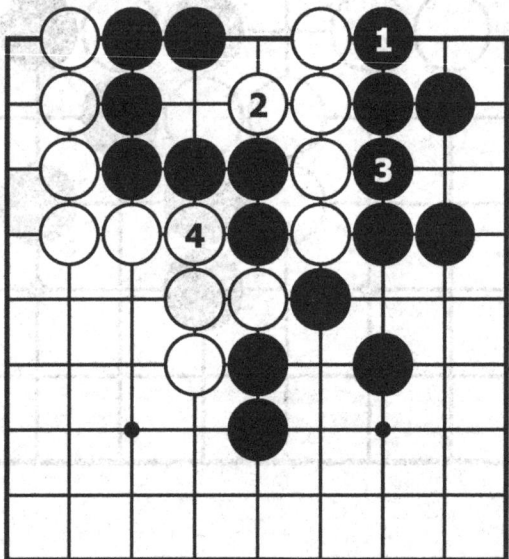

10 第10题（黑先）

难度：★★

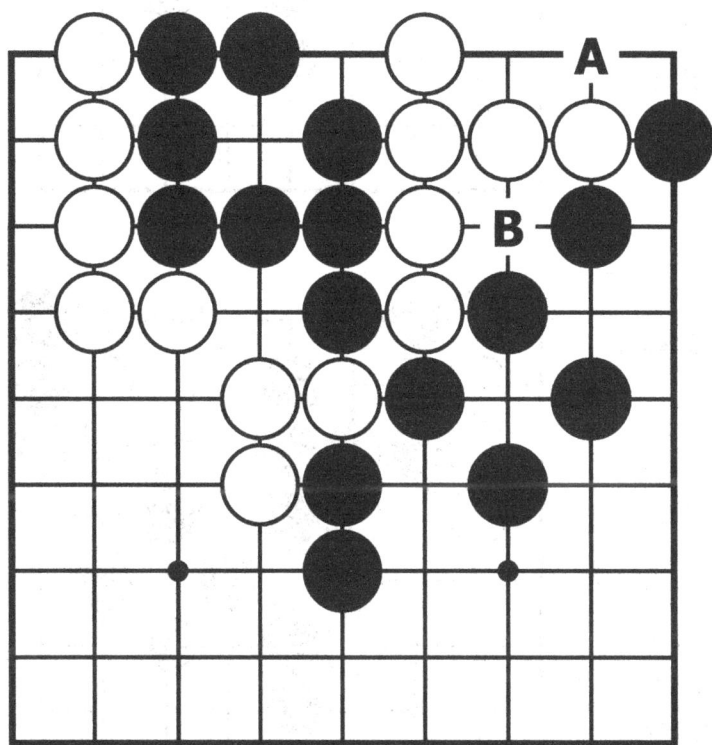

仔细观察「眼」的重要性，再找到适当的落子点。在正确选项后面的括号中画「✓」。

A（　　）　　B（　　）

正解

◯

黑 1 选择正确。
破坏对方一只眼,
可以吃掉白棋。

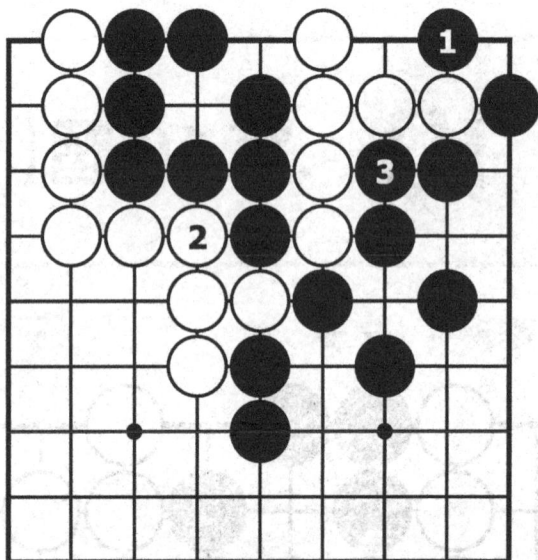

错解

✕

黑 1 选择错误。
直接收气不是最
佳选择, 白 2 后,
局部形成双活。

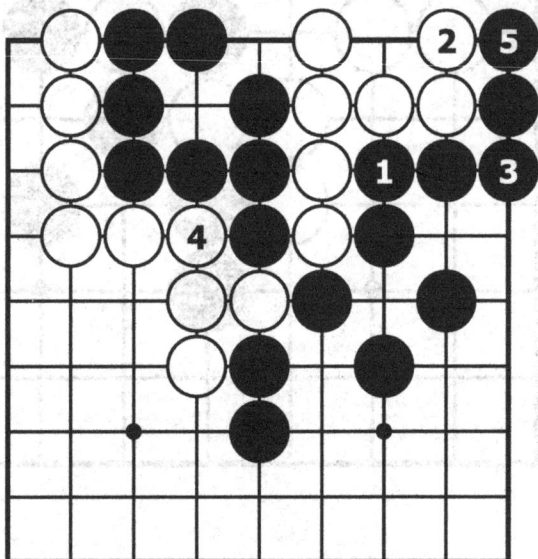

11 第11题（黑先）

难度：★★★

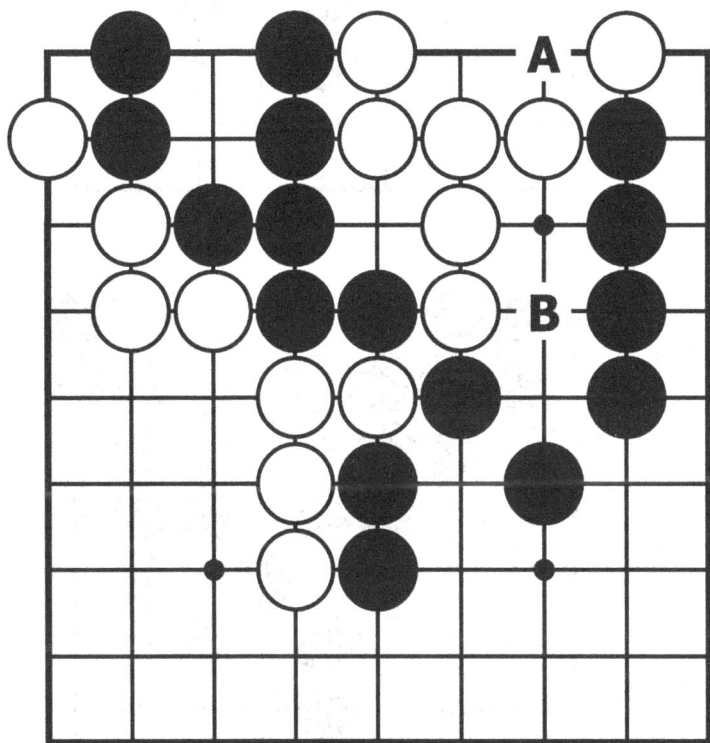

仔细观察「眼」的重要性，再找到适当的落子点。在正确选项后面的括号中画「∨」。

A（　　）　　B（　　）

正解

○

黑 1 选择正确。
破坏对方一只眼，
可以吃掉白棋。

错解

✗

黑 1 选择错误。
直接收气不是最
佳选择，白 2 后，
局部形成双活。

12 第 12 题（黑先）

难度：★★

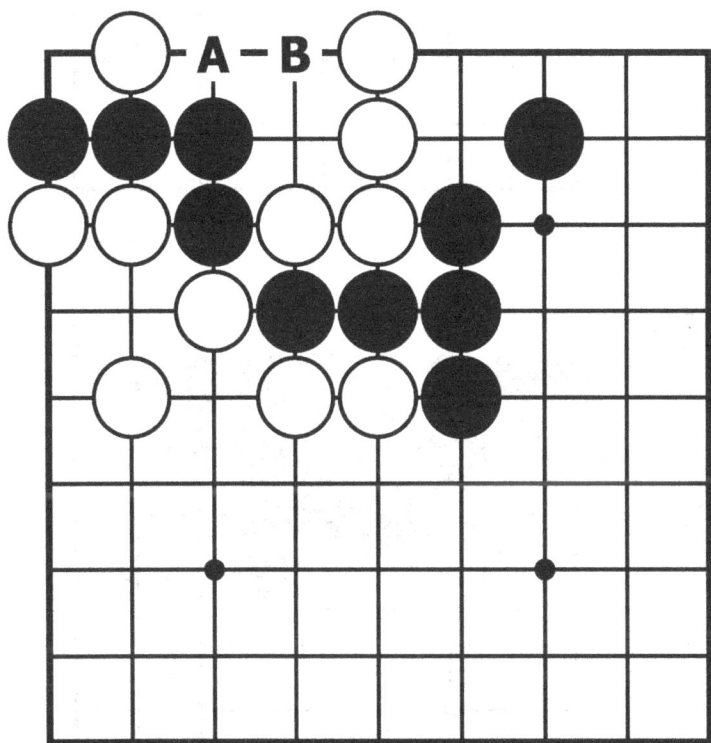

仔细观察「眼」的重要性，再找到适当的落子点。在正确选项后面的括号中画「√」。

A（　　） B（　　）

正解

○

黑 1 选择正确。
做出一只眼，可
以吃掉白棋。

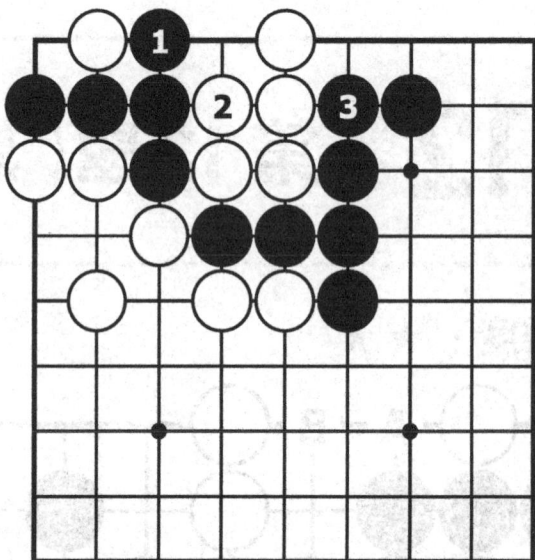

错解

✗

黑 1 选择错误。
直接收气并不成
立，白 2 后，黑
棋被吃。

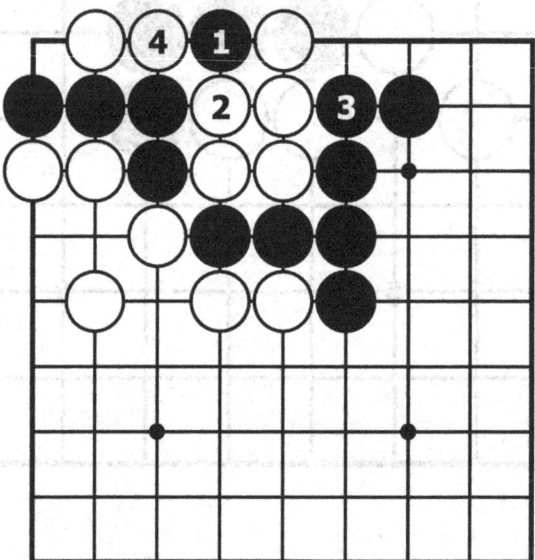

13 第13题（黑先）

难度：★★

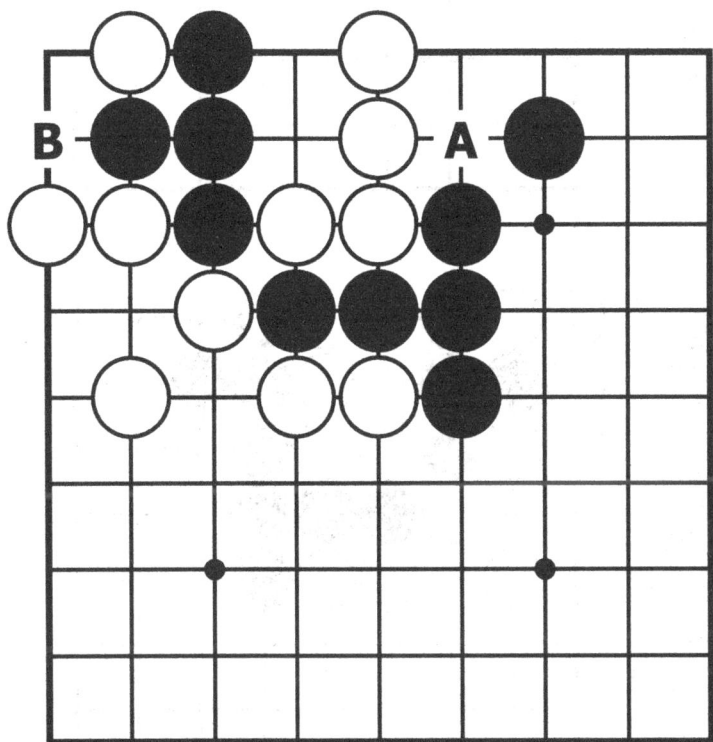

仔细观察「眼」的重要性，再找到适当的落子点。在正确选项后面的括号中画「√」。

A（　　）　　B（　　）

正解

〇

黑 1 选择正确。
做出一只眼，可
以吃掉白棋。

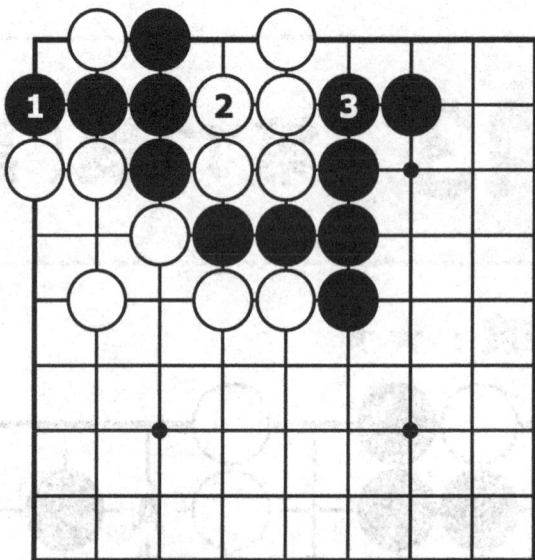

错解

✕

黑 1 选择错误。
直接收气不是最
佳选择，白 2 后，
局部形成双活。

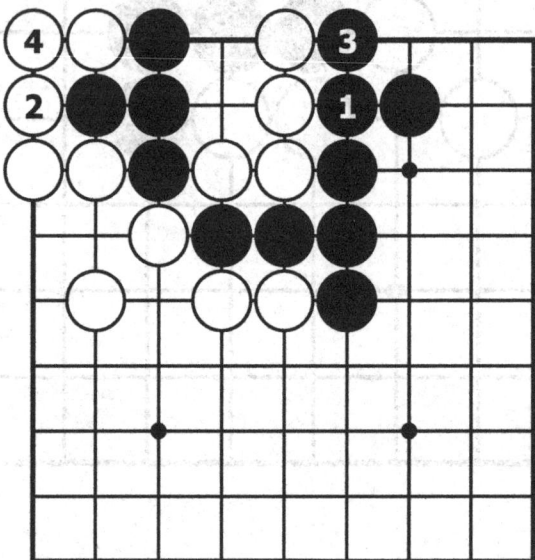

158

14 第14题（黑先）

难度：★ ★ ★

仔细观察「眼」的重要性，再找到适当的落子点。在正确选项后面的括号中画「✓」。

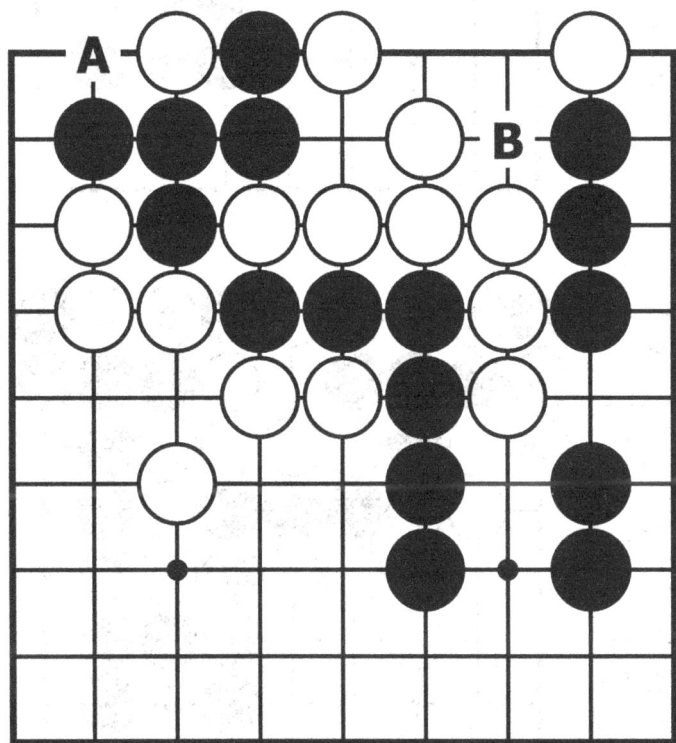

A（　　）　　B（　　）

正解

黑 1 选择正确。
做出一只眼，可
以吃掉白棋。

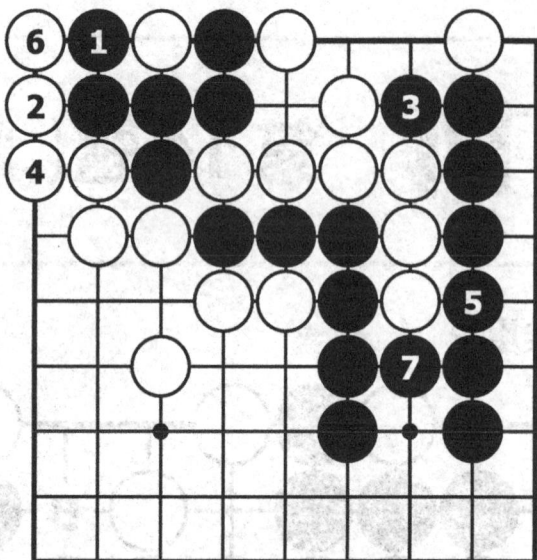

错解

黑 1 选择错误。
直接收气并不成
立，白 2 后，黑
棋被吃。

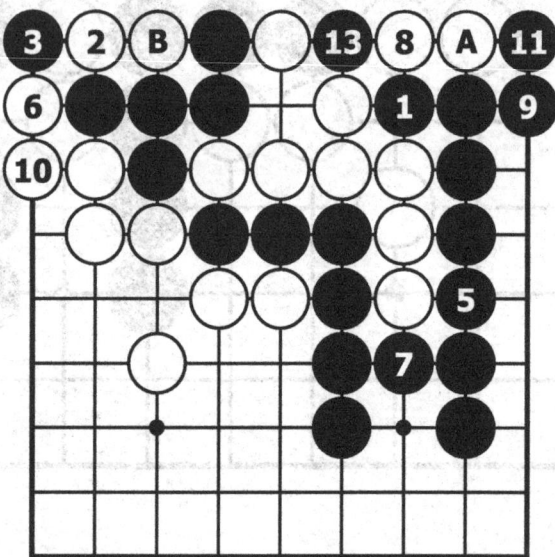

④=②，⑫=❸，⑭=⑧，⓯=Ⓐ，
⑯=Ⓑ

15 第15题（黑先）

难度：★★★

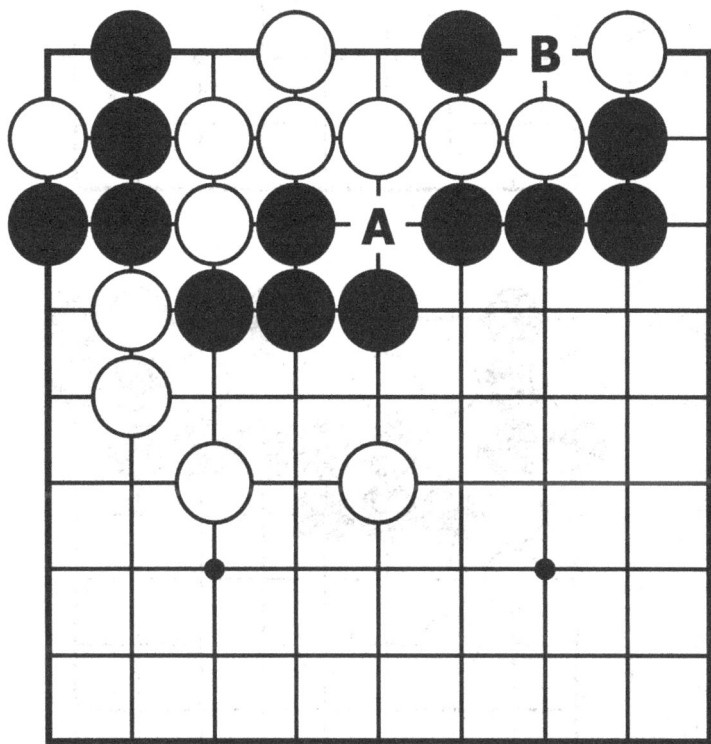

仔细观察「眼」的重要性，再找到适当的落子点。在正确选项后面的括号中画「∨」。

A（　　） B（　　）

正解

○

黑 1 选择正确。破坏对方一只眼，可以吃掉白棋。

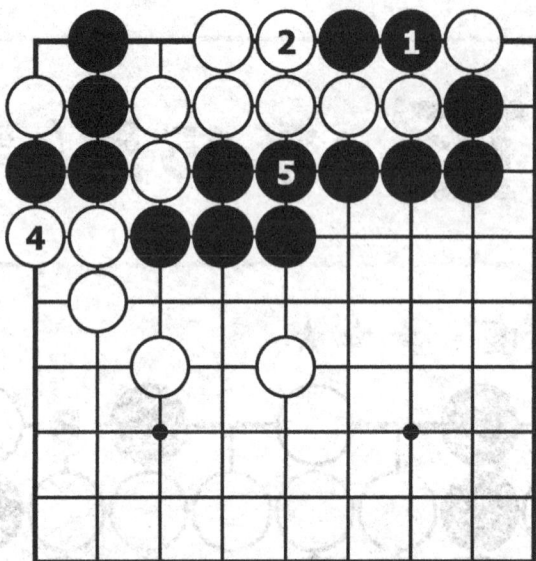

❸ = ❶

错解

×

黑 1 选择错误。直接收气不是最佳选择，白 2 后，局部形成双活。

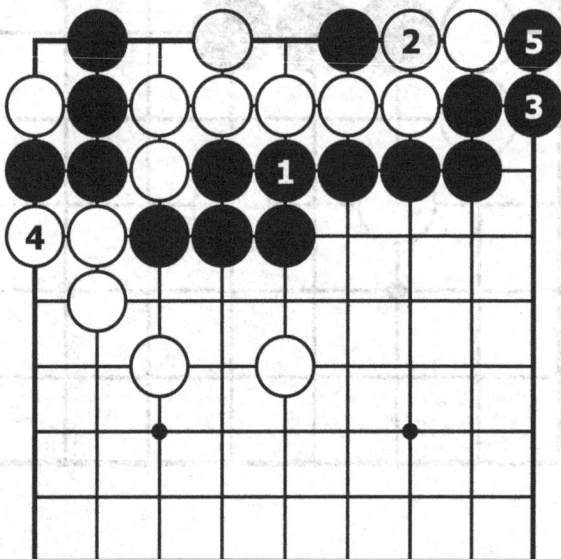

16 第16题（黑先）

难度：★ ★ ★ ★

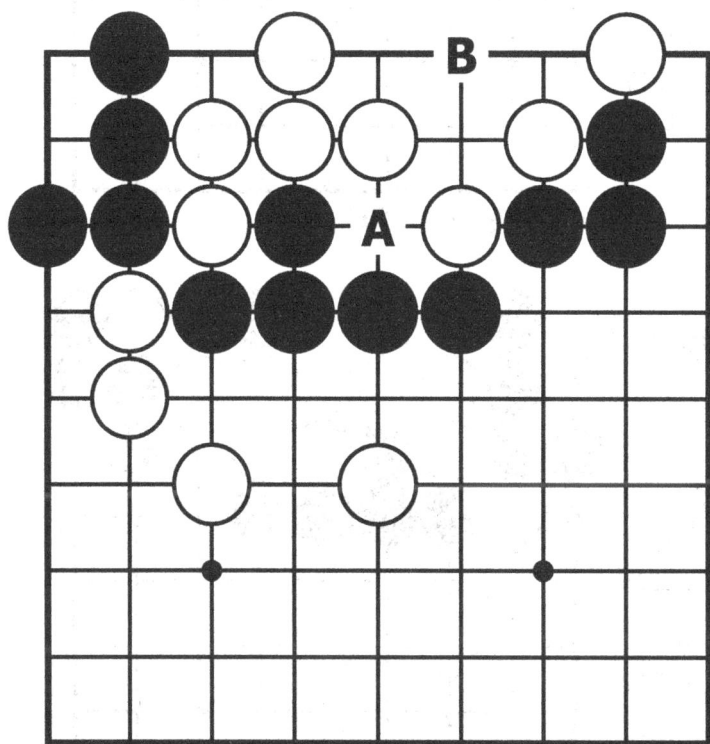

A（　　）　　B（　　）

仔细观察「眼」的重要性，再找到适当的落子点。在正确选项后面的括号中画「✓」。

正解

⭕

黑 1 选择正确。
此手是局部的妙
手，先手收紧白
棋的气，可以吃
掉白棋。

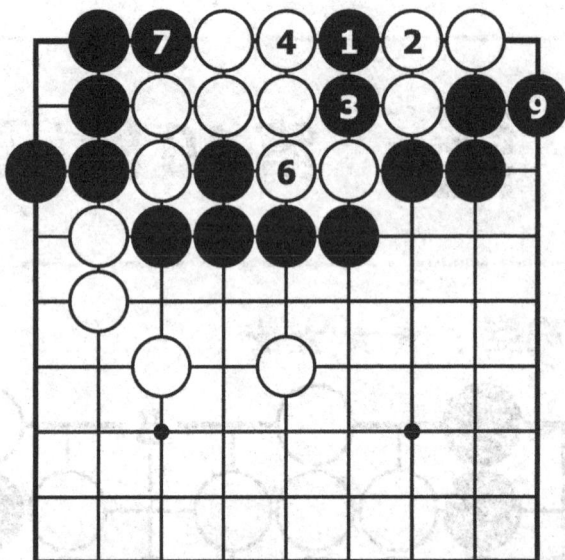

⑤ = ❸ , ⑧ = ❶

错解

❌

黑 1 选择错误。
直接收气不是最
佳选择，白 2 后，
局部形成双活。

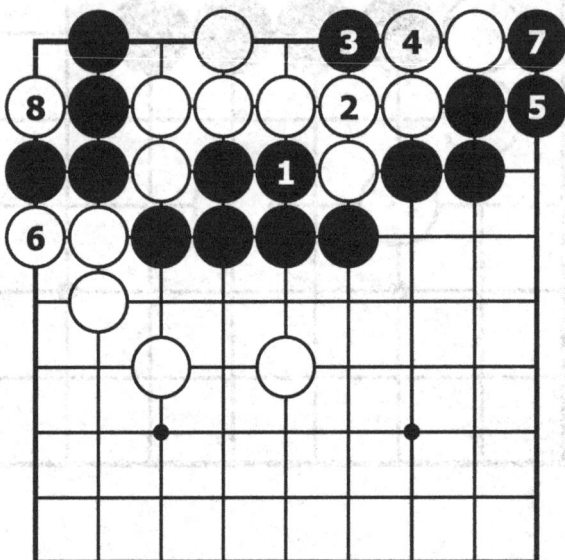

17

第17题（黑先）

难度：★ ★ ★ ★

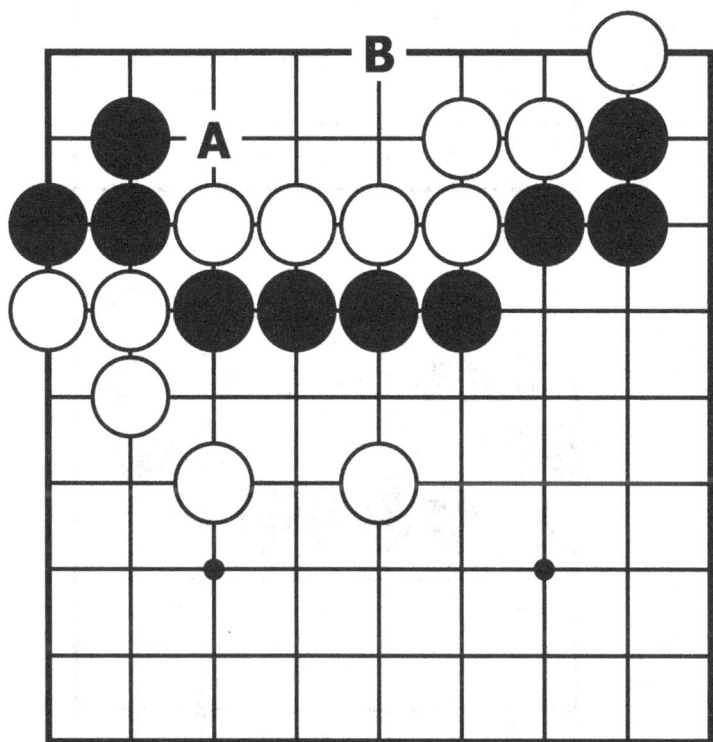

仔细观察「眼」的重要性，再找到适当的落子点。在正确选项后面的括号中画「∨」。

A（　　）　　B（　　）

正 解

◯

黑 1 选择正确。
做出一只眼的同
时破坏对方眼位，
可以吃掉白棋。

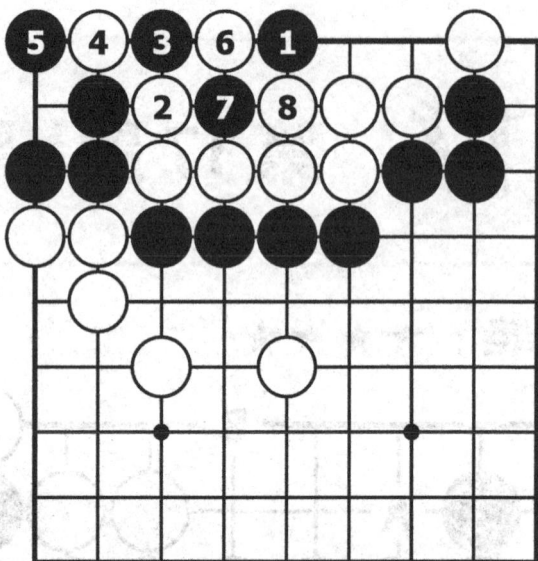

9 = ⑥

错 解

✕

黑 1 选择错误。
直接收气并不成
立，白 2 后，黑
棋被吃。

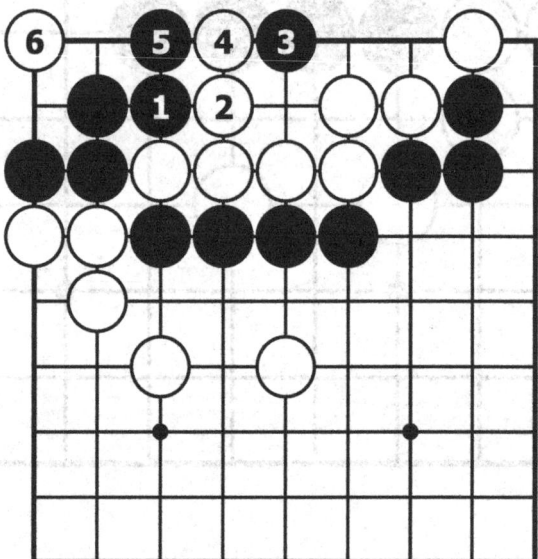

166

18 第18题（黑先）

难度：★★★★

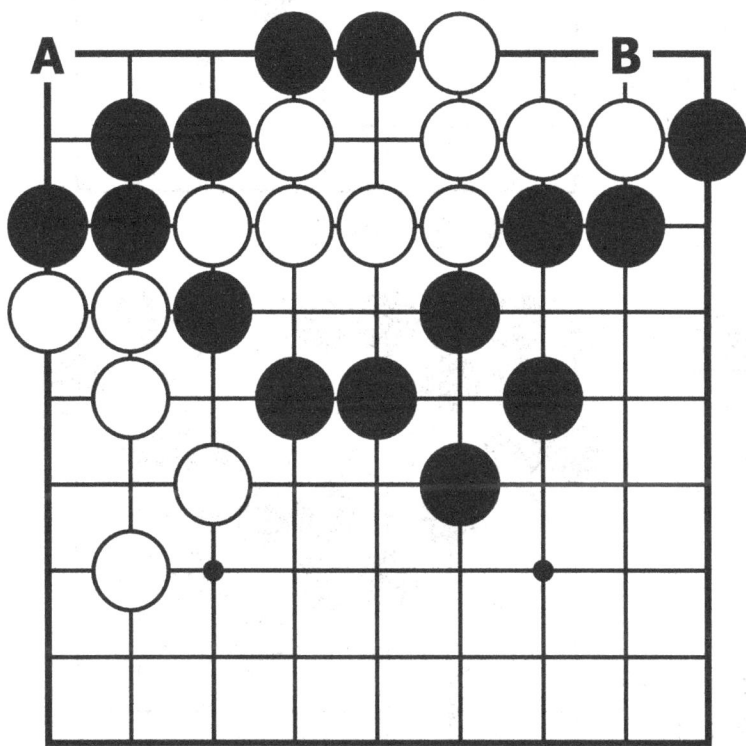

仔细观察「眼」的重要性，再找到适当的落子点。在正确选项后面的括号中画「∨」。

A（　　）　　B（　　）

正解

◯

黑 1 选择正确。
先手做出一只
眼，再破坏对方
眼位，可以吃掉
白棋。

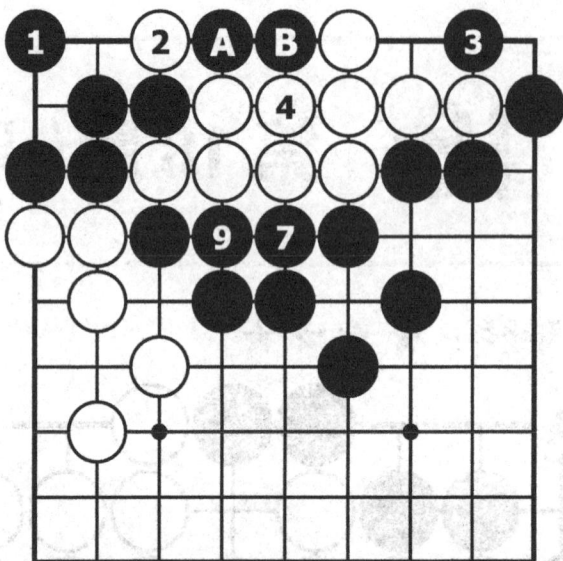

5 = Ⓐ = ⑧，6 = Ⓑ

错解

✕

黑 1 选择错误。
直接收气不是最
佳选择，白 2 后，
局部形成打劫。

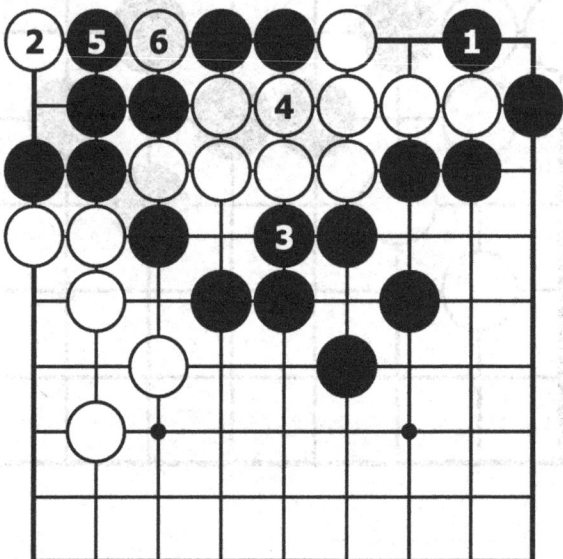

19

第 19 题（黑先）

难度：★★★

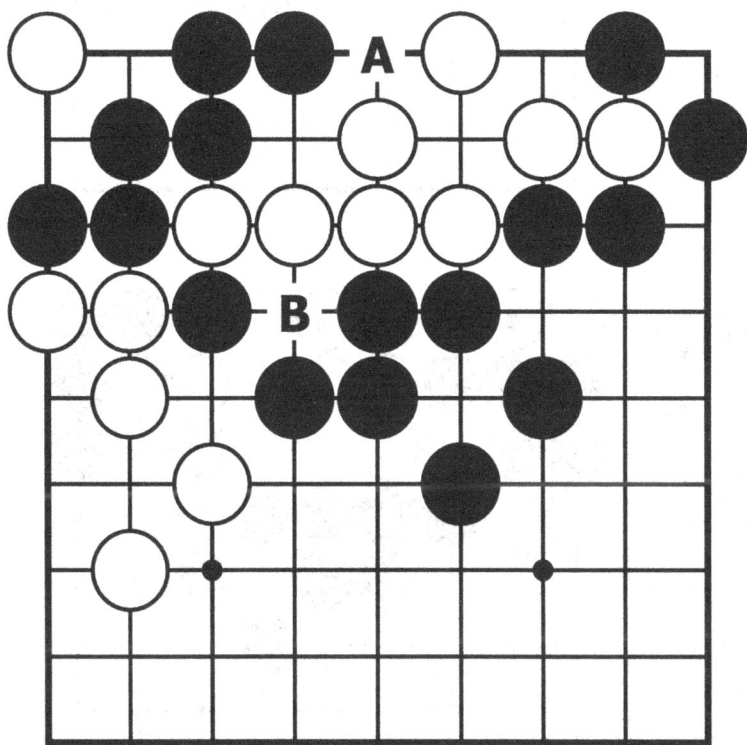

仔细观察「眼」的重要性，再找到适当的落子点。在正确选项后面的括号中画「✓」。

A（　　）　　B（　　）

正解

○

黑 1 选择正确。
破坏对方眼位，
可以吃掉白棋。

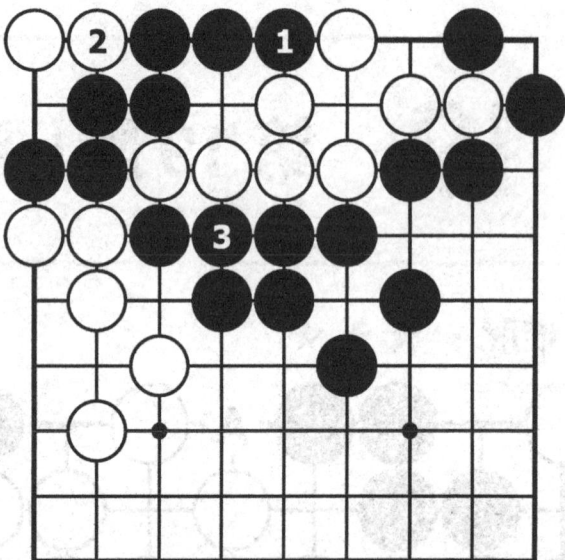

错解

✕

黑 1 选择错误。
直接收气并不成
立，白 2 后，黑
棋被吃。

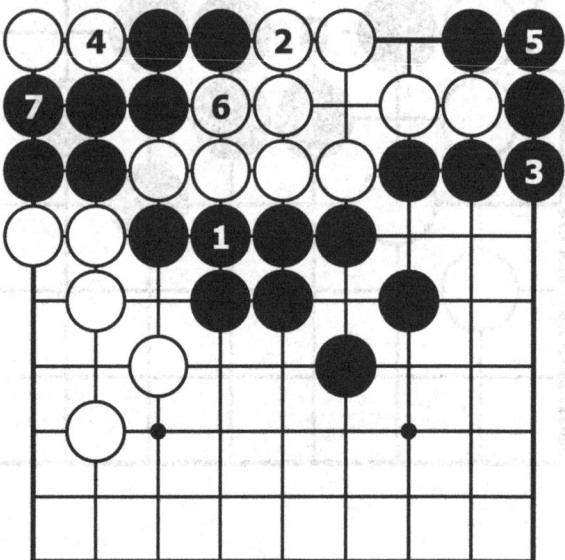

⑧ = ④

20 第20题（黑先）

难度：★★★

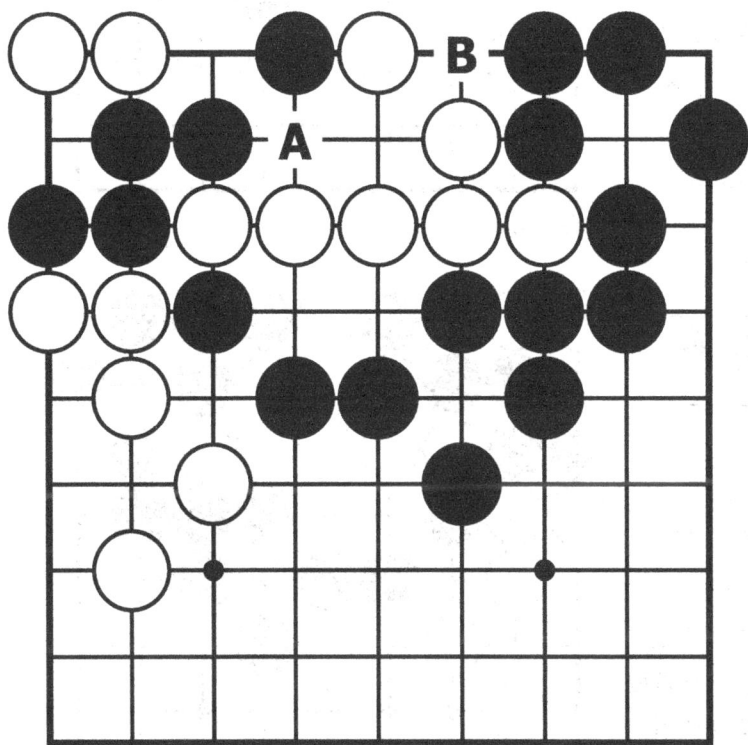

仔细观察「眼」的重要性，再找到适当的落子点。在正确选项后面的括号中画「√」。

A（　　）　　B（　　）

正 解

◯

黑 1 选择正确。
把自身眼位做大，
可以吃掉白棋。

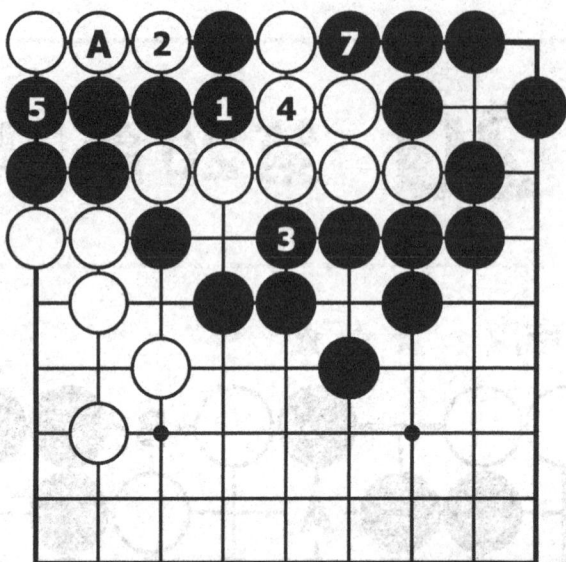

⑥ = Ⓐ

错 解

✕

黑 1 选择错误。
直接收气不是最
佳选择，白 2 后，
局部形成打劫。

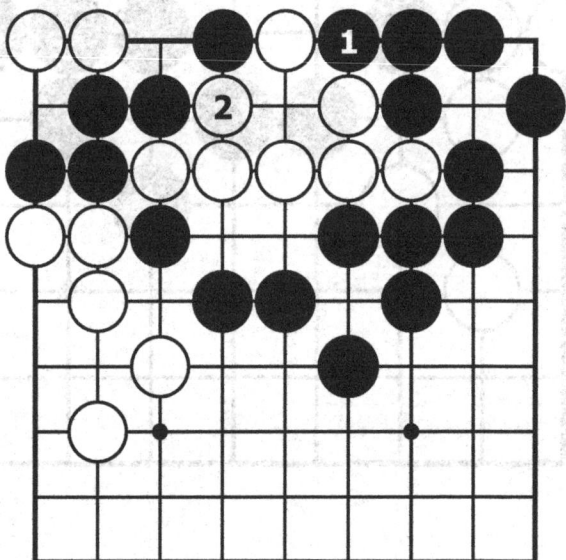

21 第21题（黑先）

难度：★ ★ ★ ★

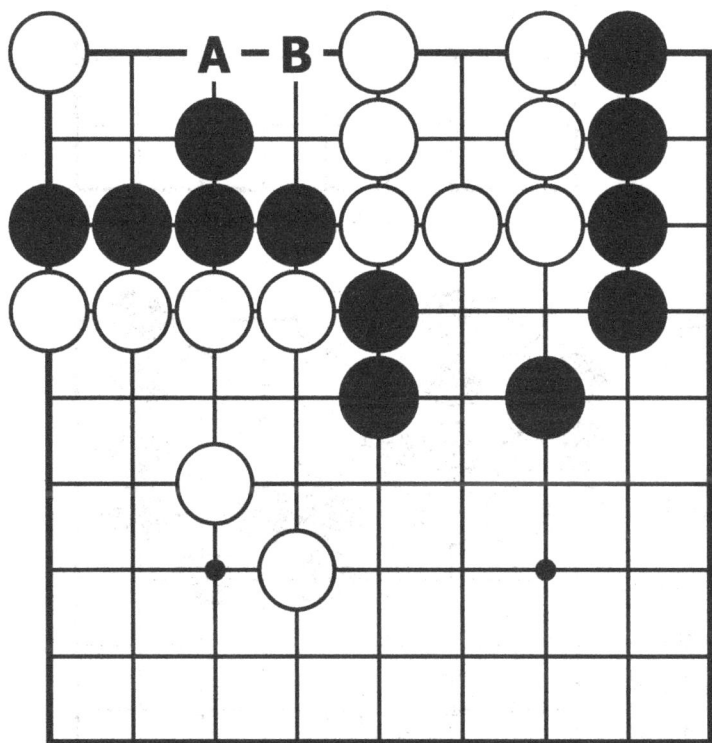

A（　　） B（　　）

仔细观察「眼」的重要性，再找到适当的落子点。在正确选项后面的括号中画「✓」。

正解

〇

黑 1 选择正确。
把自身眼位做大，
可以吃掉白棋。

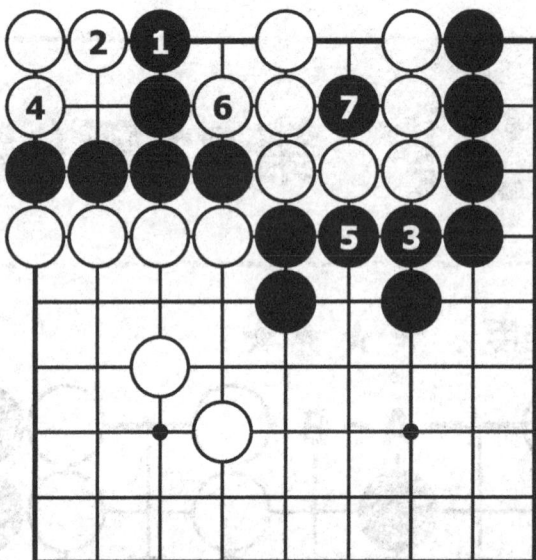

注：本图并非最佳结果。

错解

✕

黑 1 选择错误。
直接收气并不成
立，白 2 后，黑
棋气不够。

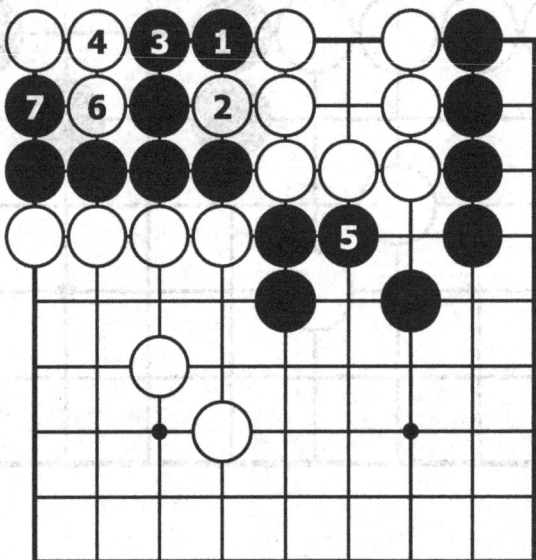

⑧＝④

174

22 第22题（黑先）

难度：★ ★ ★ ★

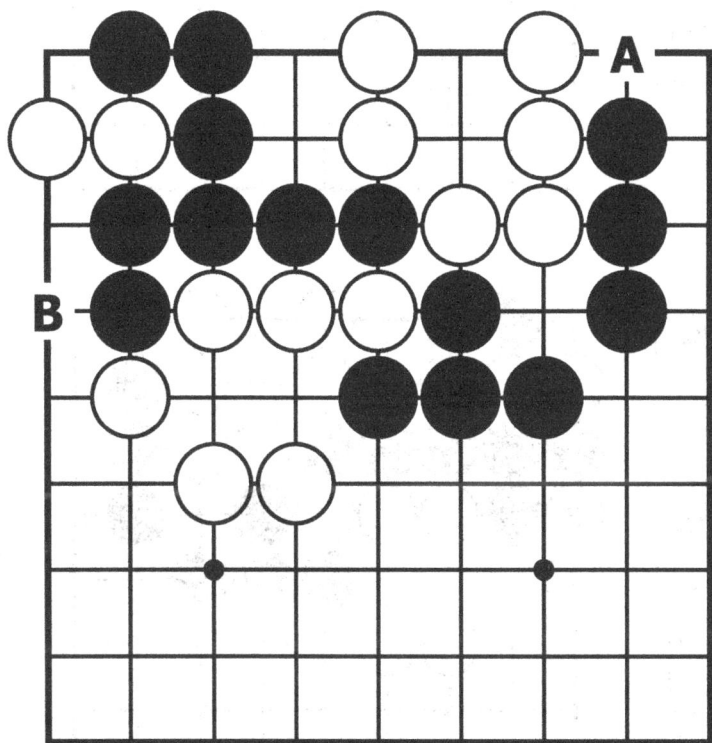

仔细观察「眼」的重要性，再找到适当的落子点。在正确选项后面的括号中画「∨」。

A（　　） B（　　）

正解

◯

黑 1 选择正确。
把自身眼位做大，
可以吃掉白棋。

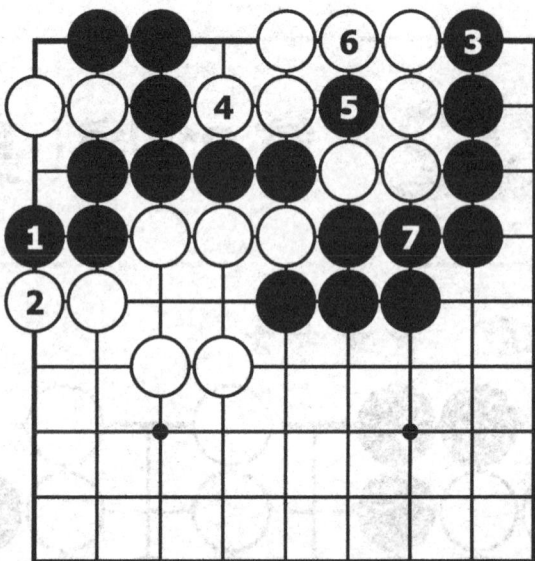

错解

✕

黑 1 选择错误。
直接收气不是最
佳结果，白 2 后，
局部形成双活。

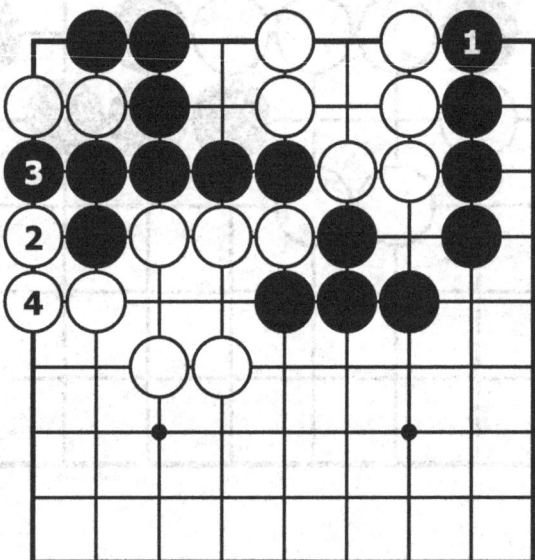

23 第23题（黑先）

难度：★★★★

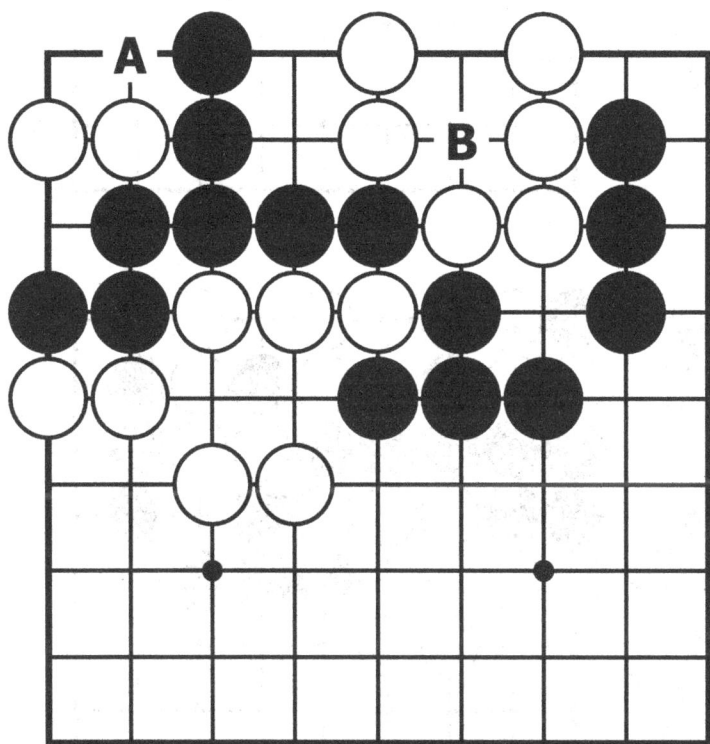

仔细观察「眼」的重要性，再找到适当的落子点。在正确选项后面的括号中画「√」。

A（　　）　　B（　　）

正解

⭕

黑1选择正确。
把自身眼位做大，
可以吃掉白棋。

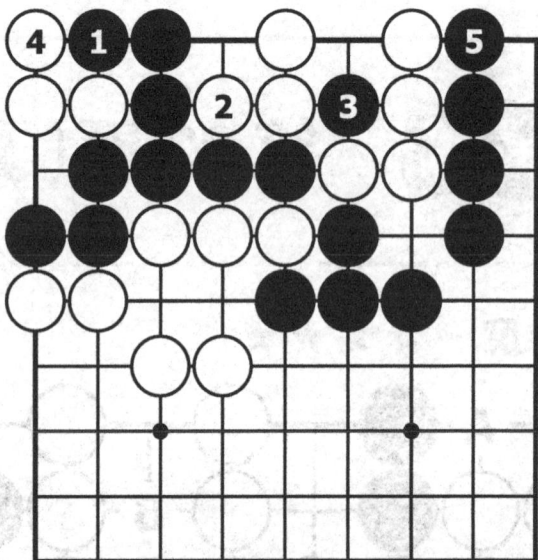

错解

❌

黑1选择错误。
直接收气不是最
佳结果，白2后，
局部形成双活。

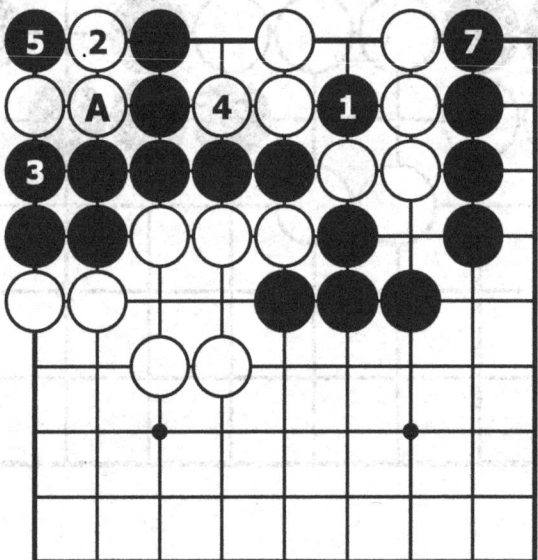

⑥＝Ⓐ，⑧＝②

24 第24题（黑先）

难度：★★★★

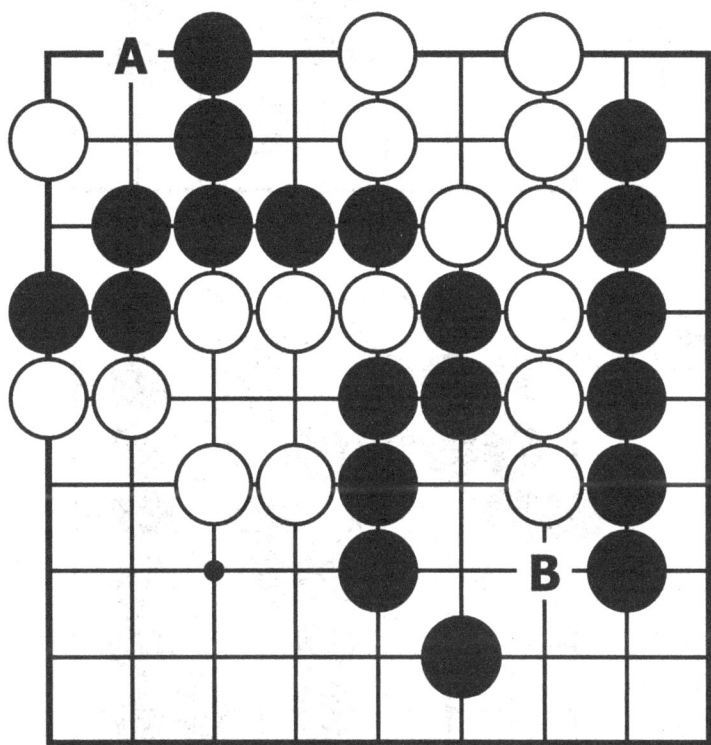

仔细观察「眼」的重要性，再找到适当的落子点。在正确选项后面的括号中画「√」。

A（　　）　　B（　　）

正解

⭕

黑 1 选择正确。
把自身眼位做大,
可以吃掉白棋。

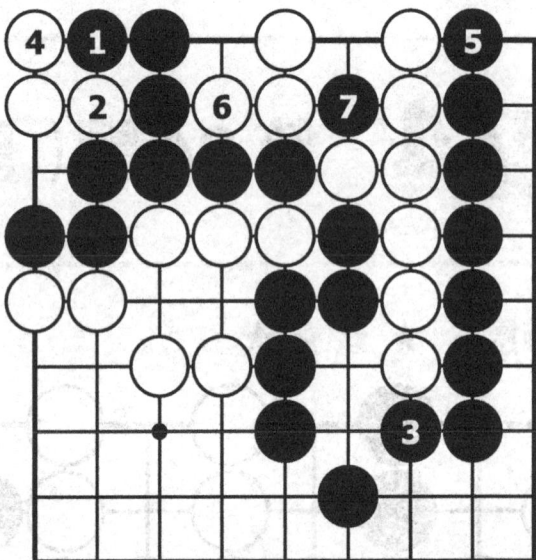

错解

❌

黑 1 选择错误。
直接收气不是最
佳结果,白 2 后,
局部形成打劫。

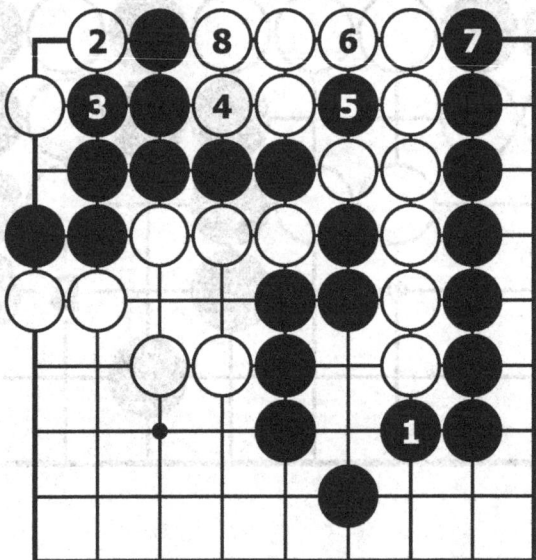

25 第25题（黑先）

难度：★ ★ ★ ★

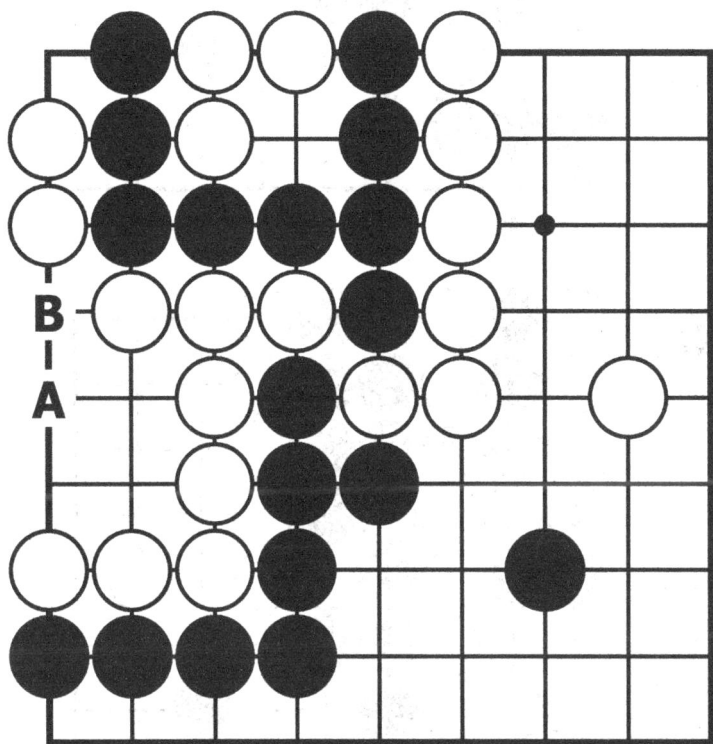

仔细观察「眼」的重要性，再找到适当的落子点。在正确选项后面的括号中画「√」。

A（　　）　　　B（　　）

正解

◯

黑 1 选择正确。
把对方眼位缩小，
可以吃掉白棋。

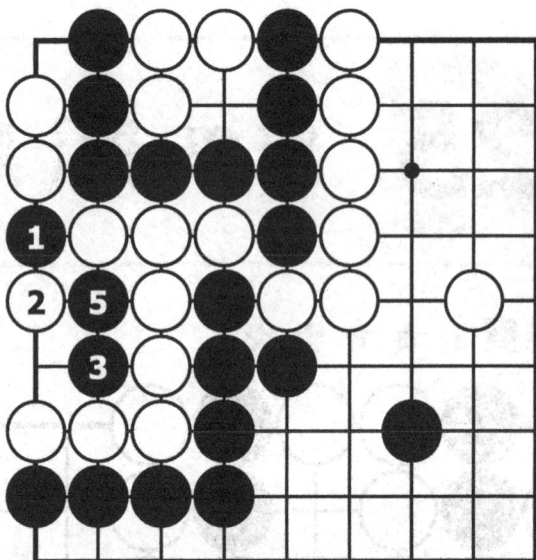

④ = ❶

错解

✕

黑 1 选择错误。
直接收气并不成
立，白 2 后，黑
棋慢一气被吃。

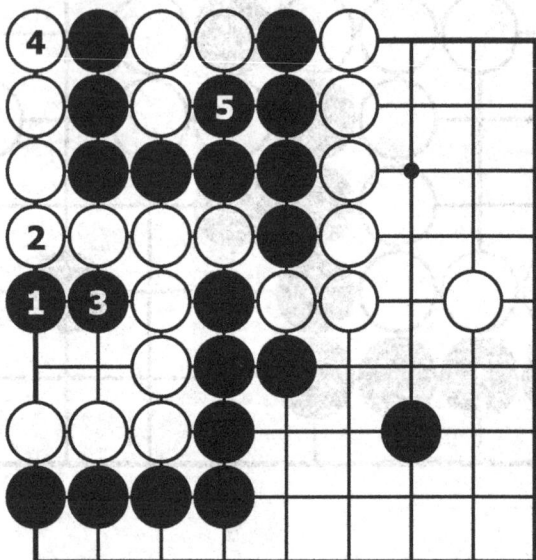

26 第26题（黑先）

难度：★★★★

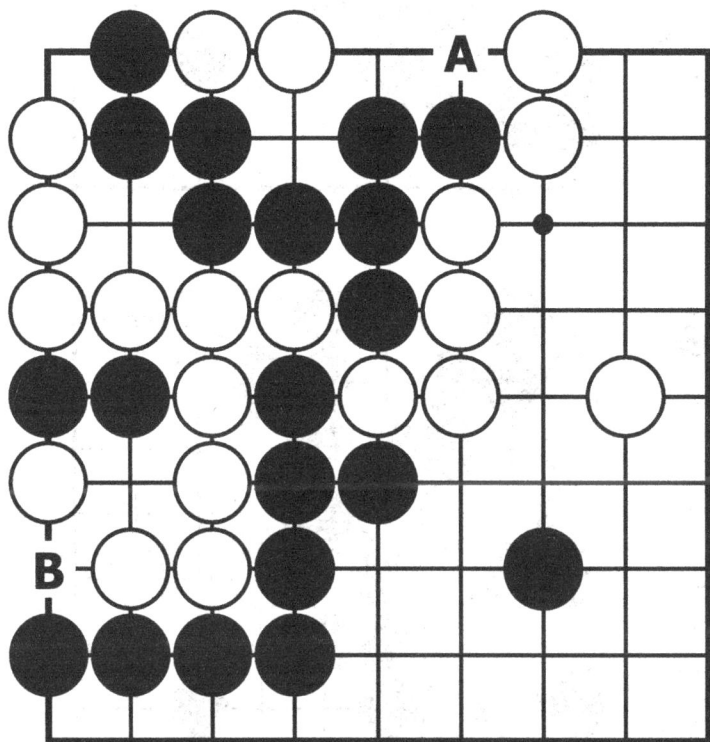

仔细观察「眼」的重要性，再找到适当的落子点。在正确选项后面的括号中画「∨」。

A（　　）　　B（　　）

正解

〇

黑 1 选择正确。
把自身眼位做大，
可以吃掉白棋。

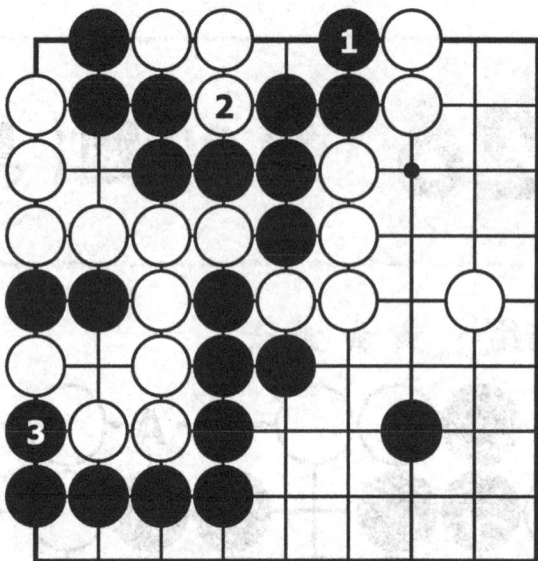

错解

✕

黑 1 选择错误。
直接收气不是最
佳结果，白 2 后，
局部形成双活。

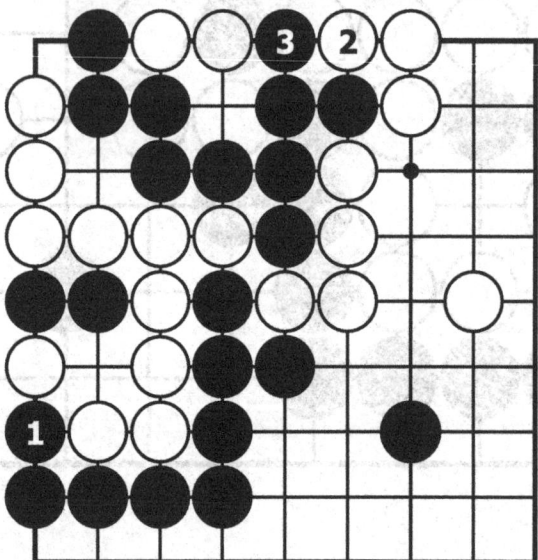

184

27 第27题（黑先）

难度：★★★★★

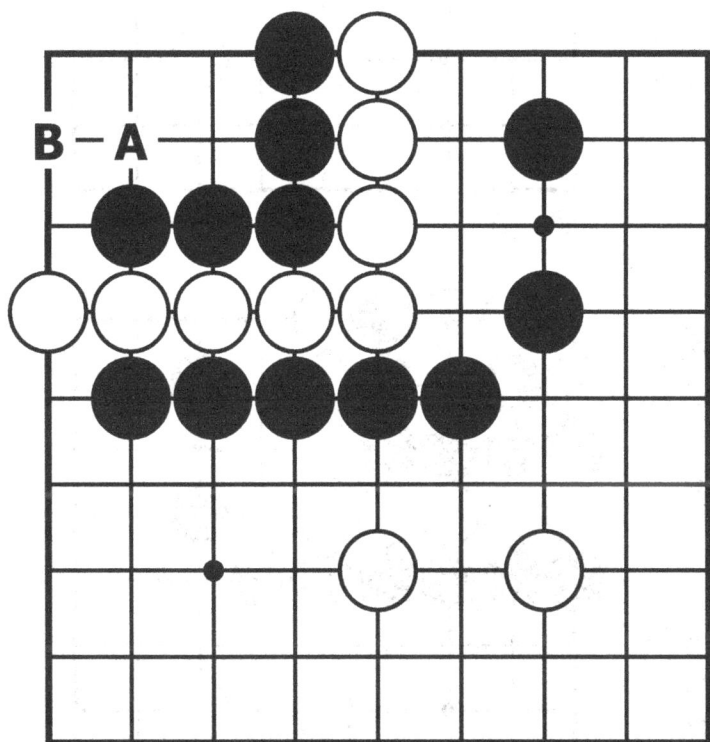

仔细观察「眼」的重要性，再找到适当的落子点。在正确选项后面的括号中画「✓」。

A（　　）　　B（　　）

正解

〇

黑 1 选择正确。
把自身眼位做大，
可以吃掉白棋。

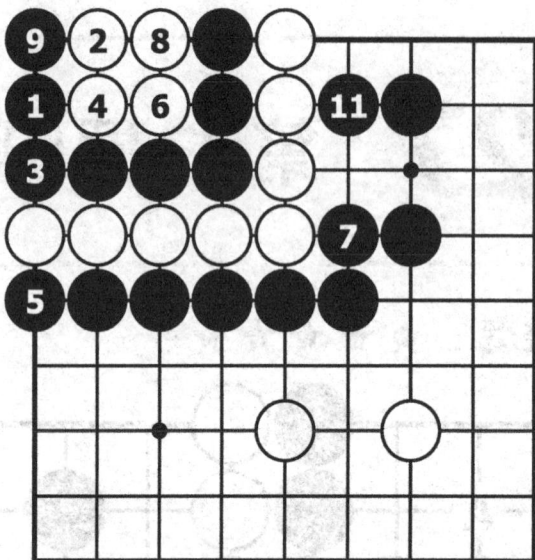

⑩ = ②

错解

✕

黑 1 选择错误。
白 2 是妙手，局
部形成打劫。

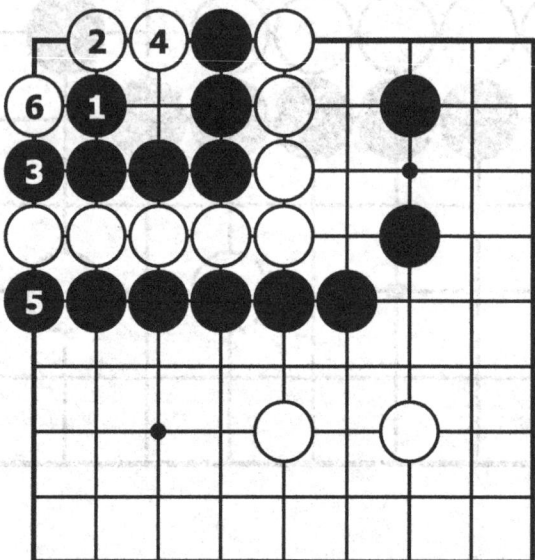

28 第28题（黑先）

难度：★★★★

仔细观察「眼」的重要性，再找到适当的落子点。在正确选项后面的括号中画「√」。

A（　　） B（　　）

正 解

○

黑 1 选择正确。
把自身眼位做大，
可以吃掉白棋。

错 解

✕

黑 1 选择错误。
直接收气不是最
佳结果，白 2 后，
局部形成双活。

④ = Ⓐ，❼ = Ⓑ

29

第29题（黑先）

难度：★ ★ ★ ★

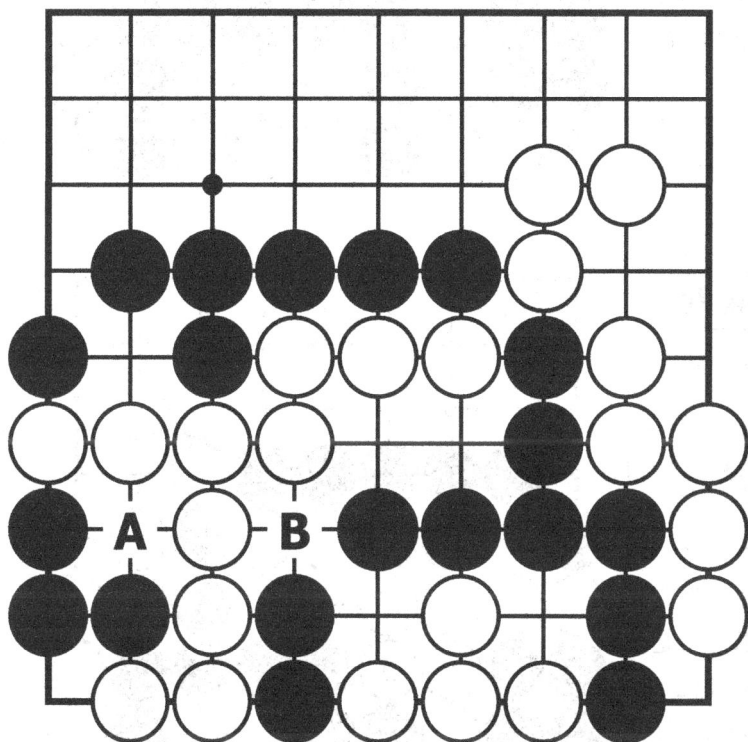

仔细观察「眼」的重要性，再找到适当的落子点。在正确选项后面的括号中画「∨」。

A（　　）　　B（　　）

正解

◯

黑1选择正确。
把自身眼位做大，
可以吃掉白棋。

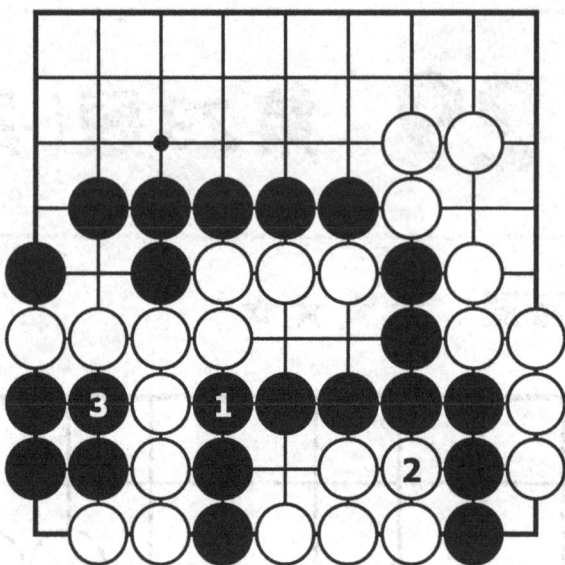

错解

✕

黑1选择错误。
直接收气不是最
佳结果，白2后，
局部形成双活。

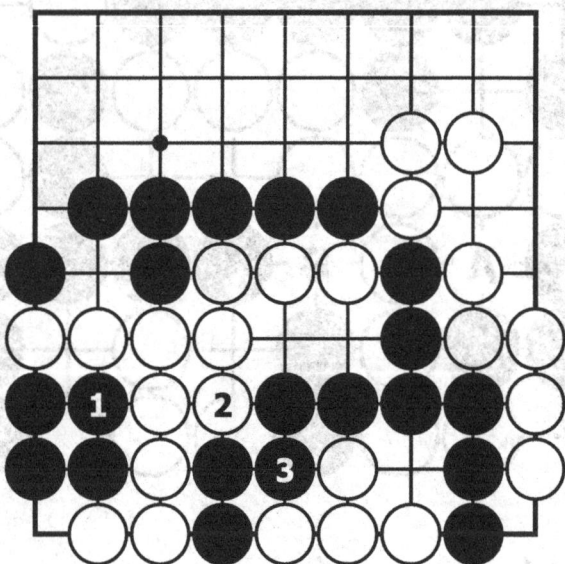

30

第30题（黑先）

难度：★★★★★

仔细观察「眼」的重要性，再找到适当的落子点。在正确选项后面的括号中画「∨」。

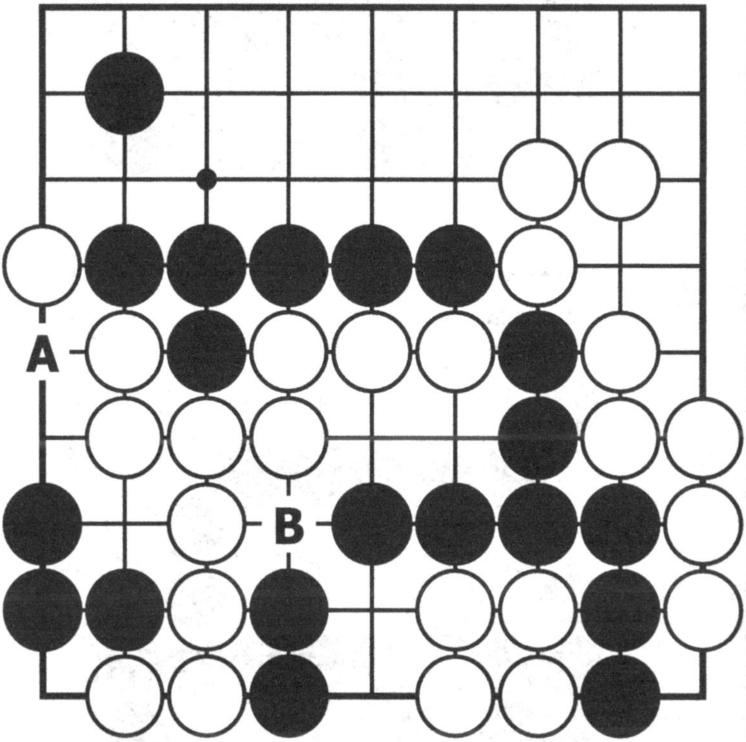

A（　　） B（　　）

正 解

○

黑 1 选择正确。
先缩小对方眼位，
再把自身眼位做
大，可以吃掉白
棋。

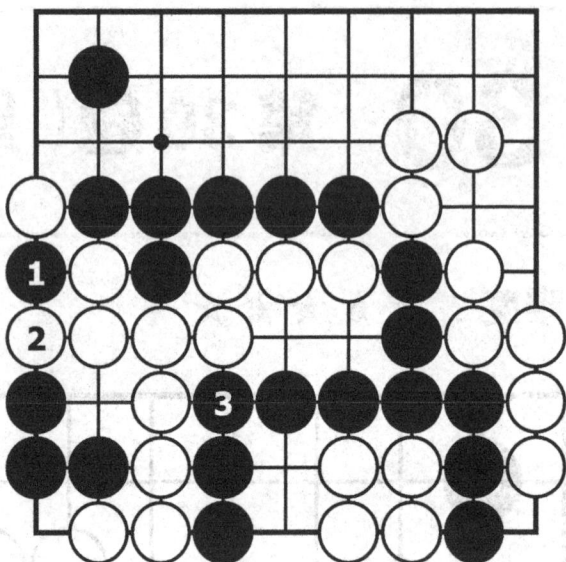

错 解

✕

黑 1 选择错误。
直接收气不是最
佳结果，白 2 后，
局部形成双活。

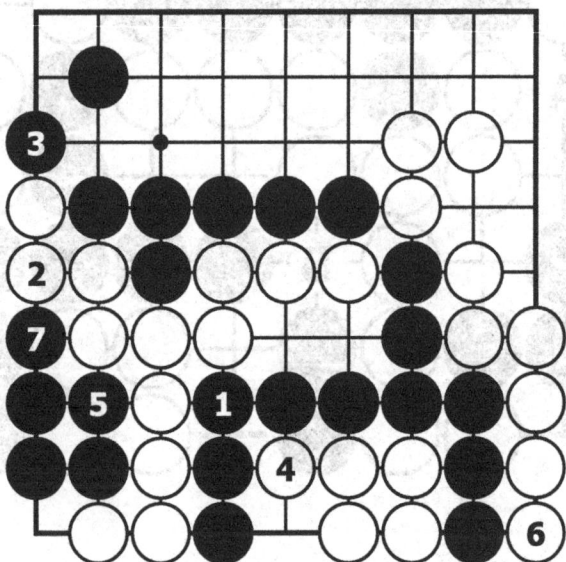

3.2　"扑"的要点

本节探讨的主题是利用"扑",也就是送吃的手段来收紧对方的气。在对杀的过程中,为了取得最终胜利,往往需要先送一颗或几颗棋子给对方吃,以达到紧气的效果。

小贴士

如果对方棋形存在气紧的缺陷,而我们又无法用直接的手段来收气,这时考虑一下"扑"的手段,往往会有奇效。有时候,"扑"也是阻止对方联络的重要手段。本节题目难度不大,只要细心,就能找到答案。

① 第1题（黑先）

难度：★★

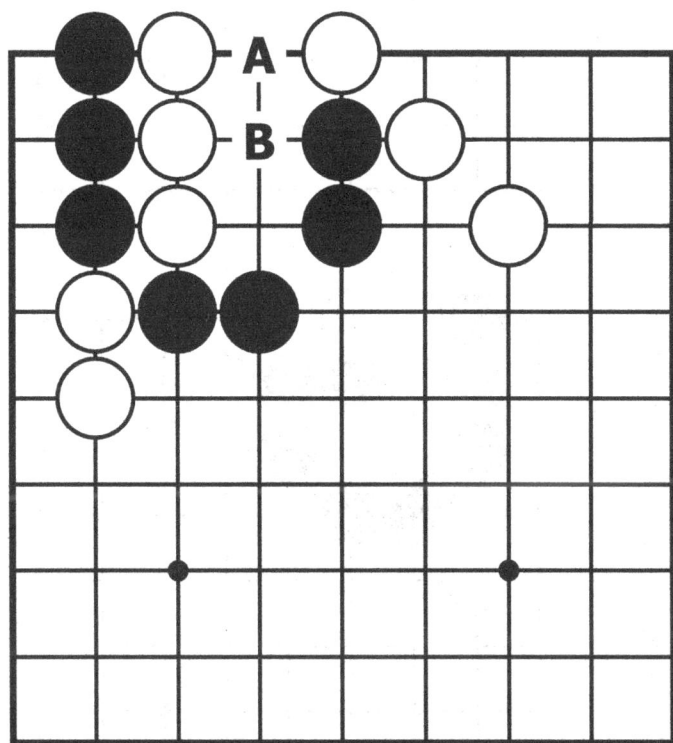

想一想，如何利用「扑」来紧气，在正确选项后面的括号中画「√」。

A（　　） B（　　）

正 解

◯

黑1选择正确。
利用弃子的手筋
收紧白棋的气，
可以吃掉白棋。

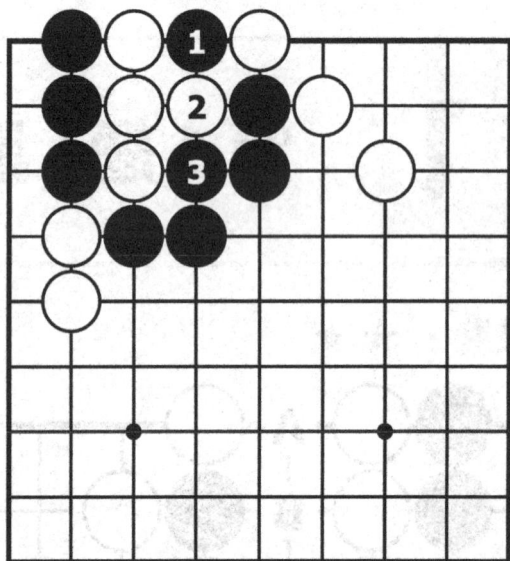

错 解

✕

黑1选择错误。
直接收气显然不
行，白2联络后，
黑棋被吃。

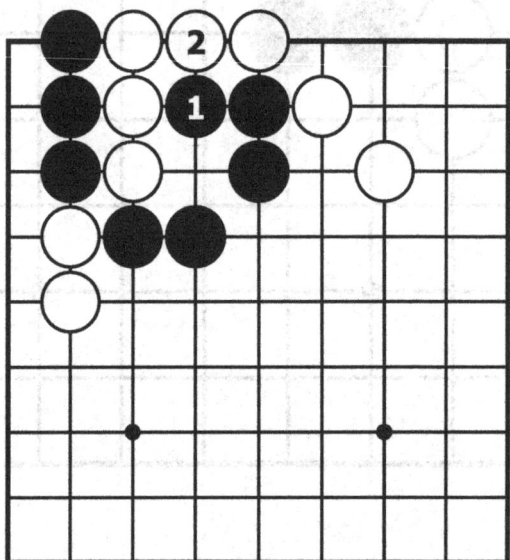

2 第 2 题（黑先）

难度：★★

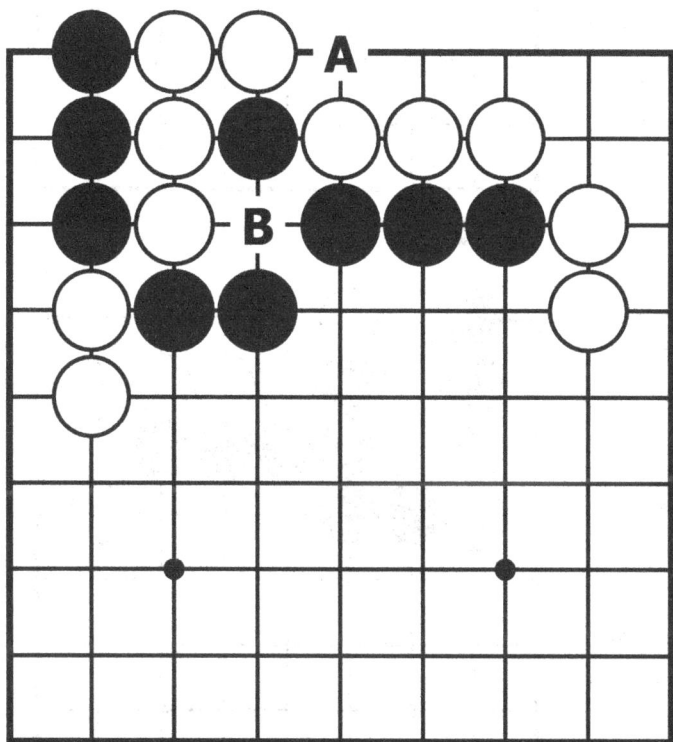

想一想，如何利用「扑」来紧气，在正确选项后面的括号中画「✓」。

A（　　）　　　B（　　）

正解

◯

黑1选择正确。
利用弃子的手筋
收紧白棋的气,
可以吃掉白棋。

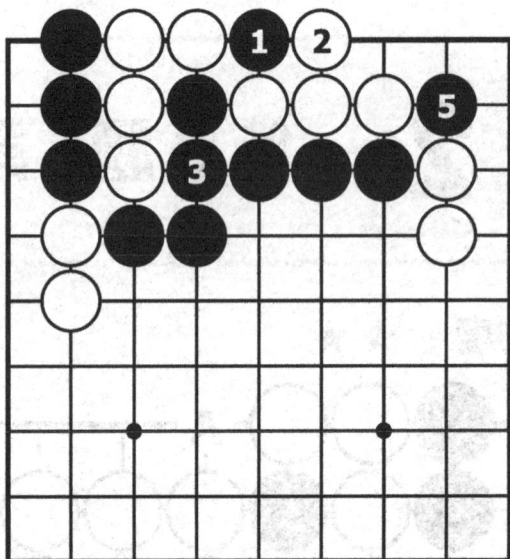

④ = ❶

错解

✕

黑1选择错误。
直接收气显然不
行, 白2联络后,
黑棋被吃。

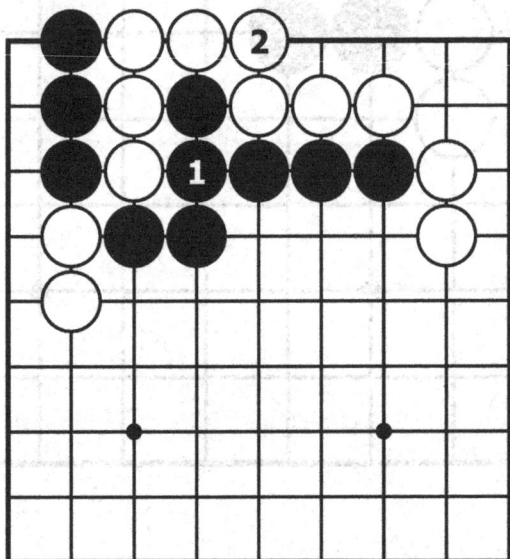

3 第 3 题（黑先）

难度：★★

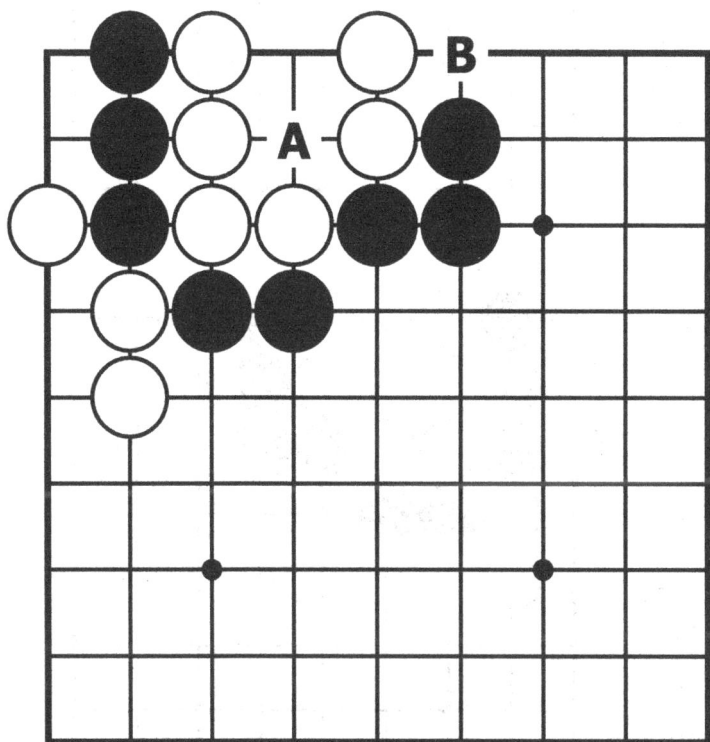

A（　　）　　　B（　　）

正解

〇

黑1选择正确。
利用弃子的手筋
收紧白棋的气，
可以吃掉白棋。

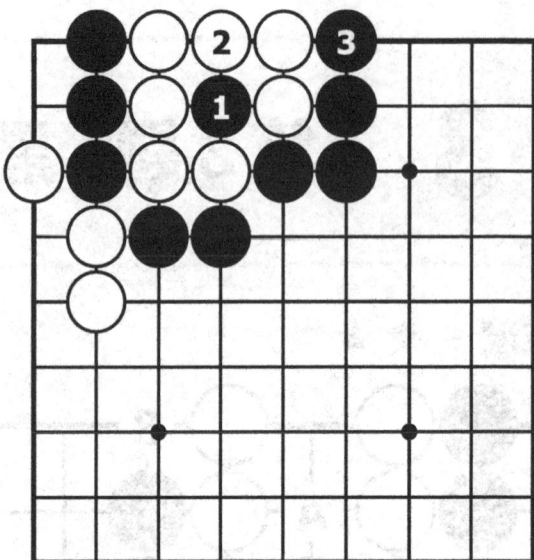

错解

✕

黑1选择错误。
直接收气显然不
行，白2后，黑
棋被吃。

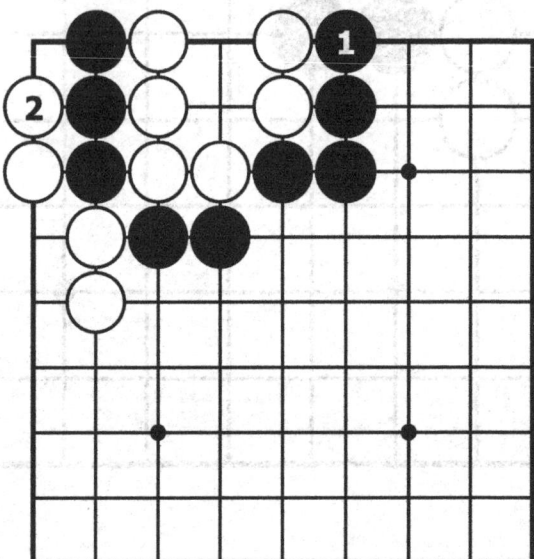

4 第4题（黑先）

难度：★ ★

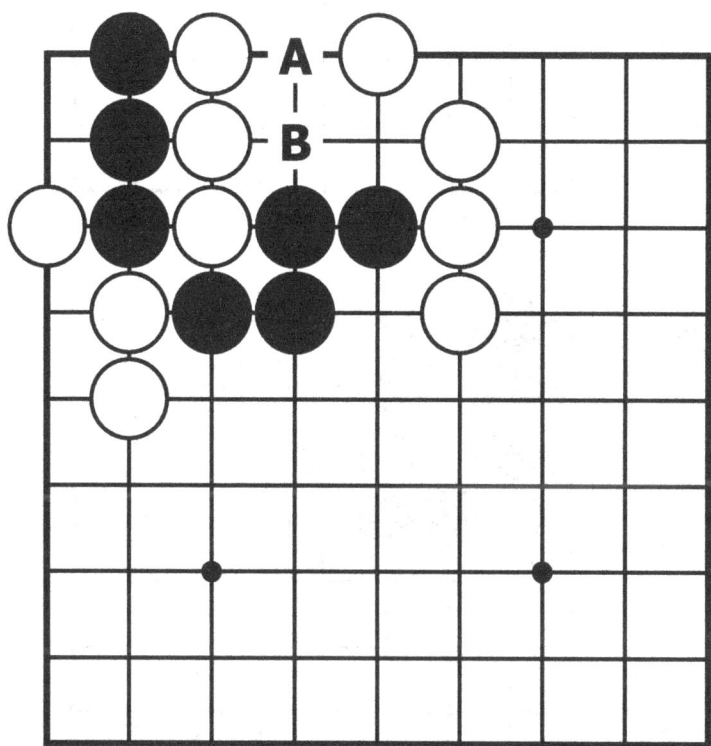

想一想，如何利用「扑」来紧气，在正确选项后面的括号中画「✓」。

A（　　）　　B（　　）

正解

〇

黑 1 选择正确。
利用弃子的手筋
收紧白棋的气，
可以吃掉白棋。

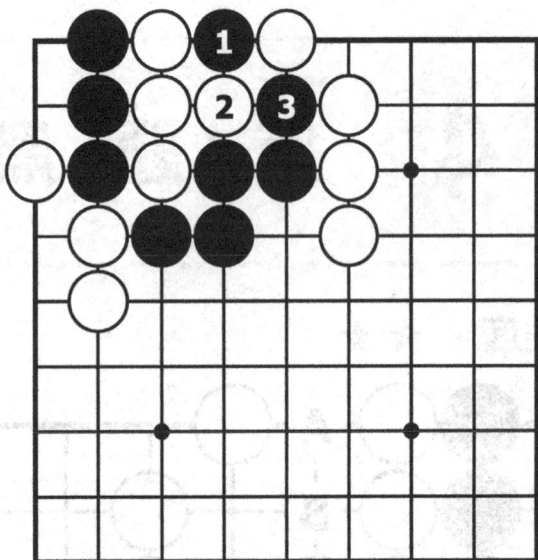

错解

✕

黑 1 选择错误。
直接收气显然不
行，白 2 联络后，
黑棋被吃。

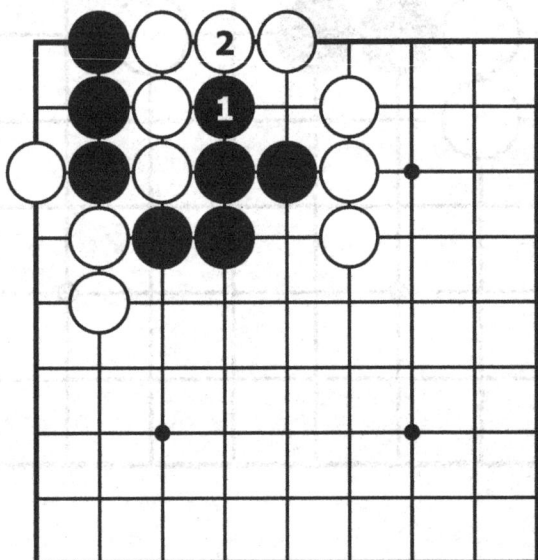

5 第5题（黑先）

难度：★★

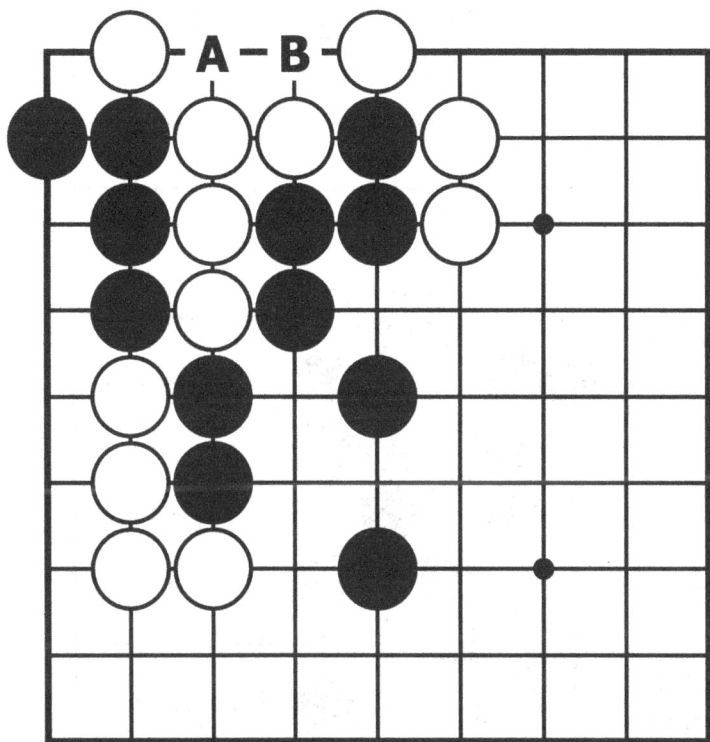

想一想，如何利用「扑」来紧气，在正确选项后面的括号中画「√」。

A（　　）　　B（　　）

正　解

○

黑 1 选择正确。利用弃子的手筋收紧白棋的气，可以吃掉白棋。

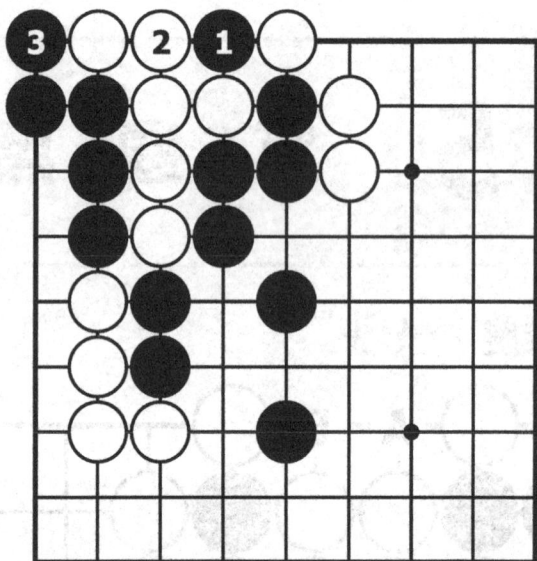

错　解

×

黑 1 选择错误。扑错了方向，白 2 联络后，黑棋被吃。

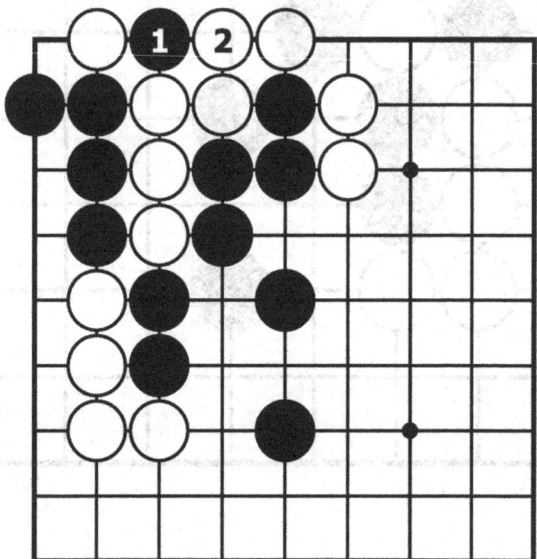

6

第 6 题（黑先）

难度：★★

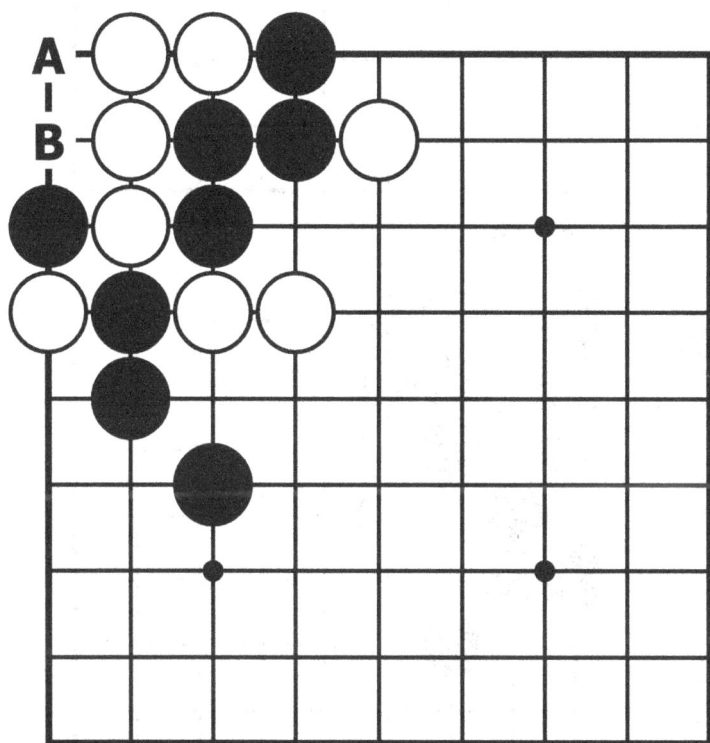

想一想，如何利用「扑」来紧气，在正确选项后面的括号中画「√」。

A（　　）　　B（　　）

正解

⭕

黑 1 选择正确。
利用弃子的手筋
收紧白棋的气，
可以吃掉白棋。

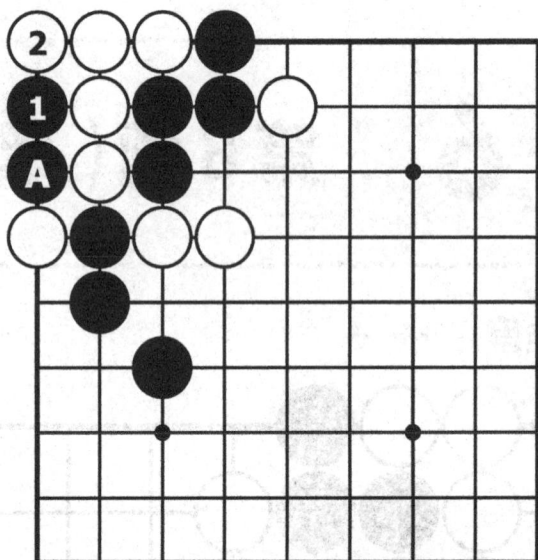

③ = Ⓐ

错解

❌

黑 1 选择错误。
扑错了方向，白 2
后，黑棋被吃。

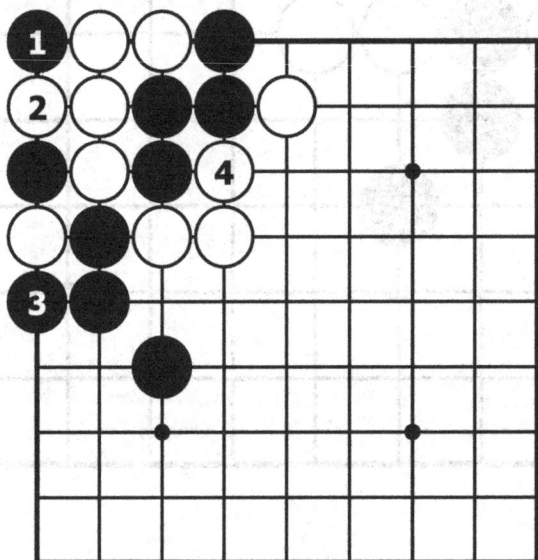

7 第 7 题（黑先）

难度：★★

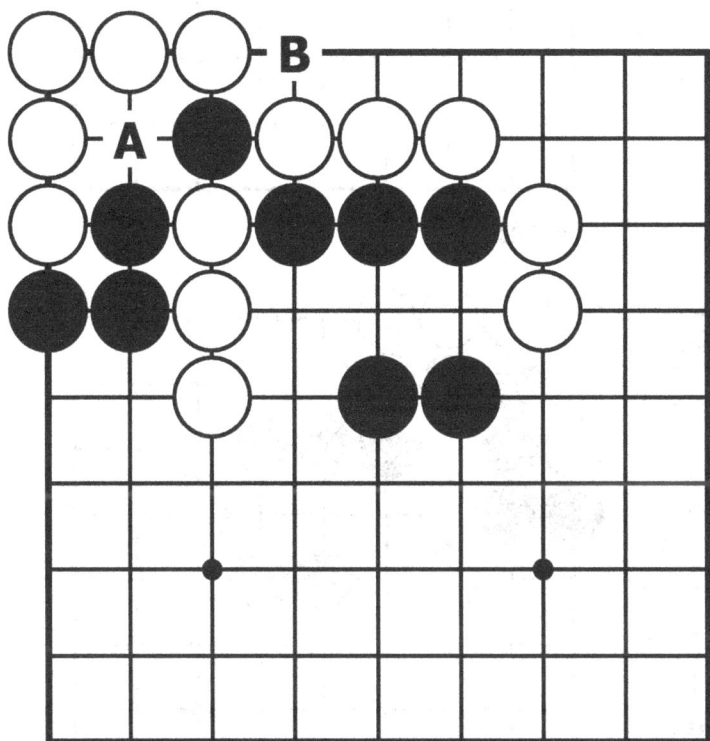

想一想，如何利用「扑」来紧气，在正确选项后面的括号中画「✓」。

A（　　）　　B（　　）

正解

○

黑 1 选择正确。
利用弃子的手筋
收紧白棋的气，
可以吃掉白棋。

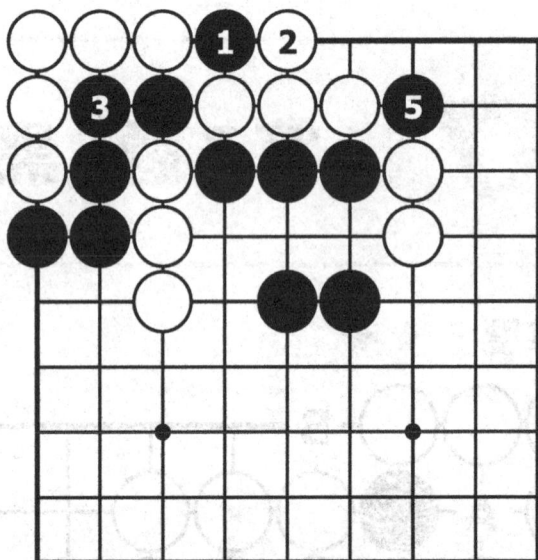

④ = ❶

错解

✕

黑 1 选择错误。
直接收气显然不
行，白 2 联络后，
黑棋被吃。

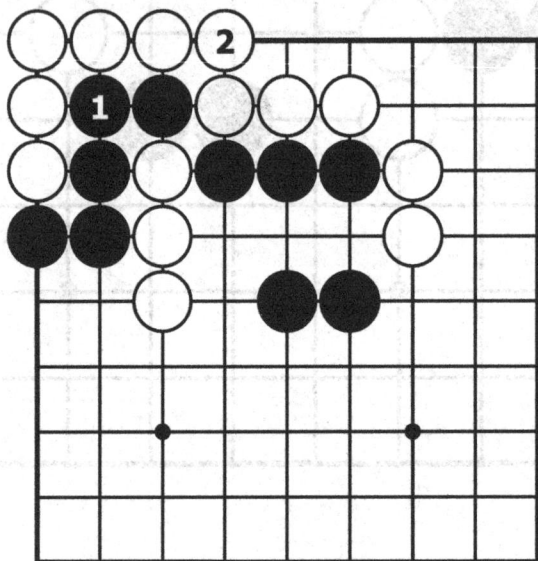

8 第8题（黑先）

难度：★ ★ ★

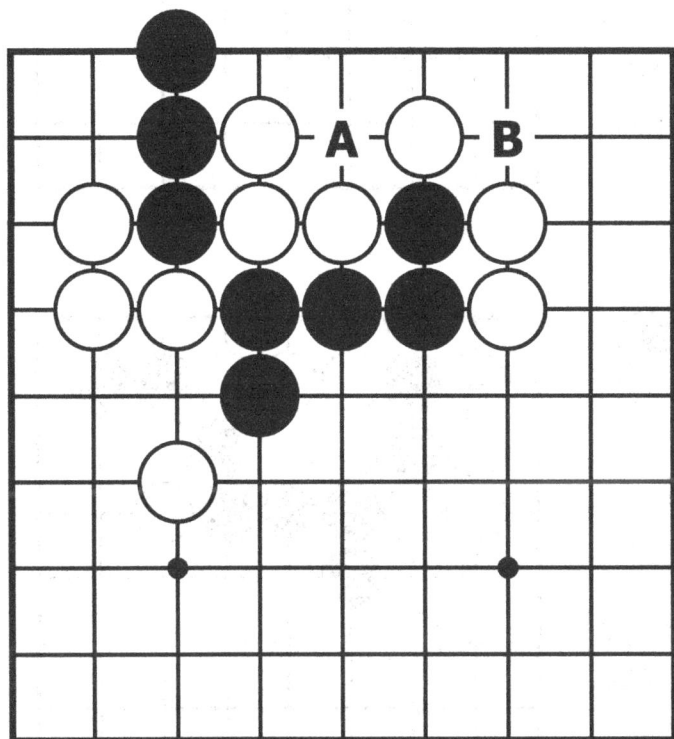

想一想，如何利用「扑」来紧气，在正确选项后面的括号中画「✓」。

A（　　） 　 B（　　）

正 解

◯

黑 1 选择正确。
利用弃子的手筋
收紧白棋的气，
可以吃掉白棋。

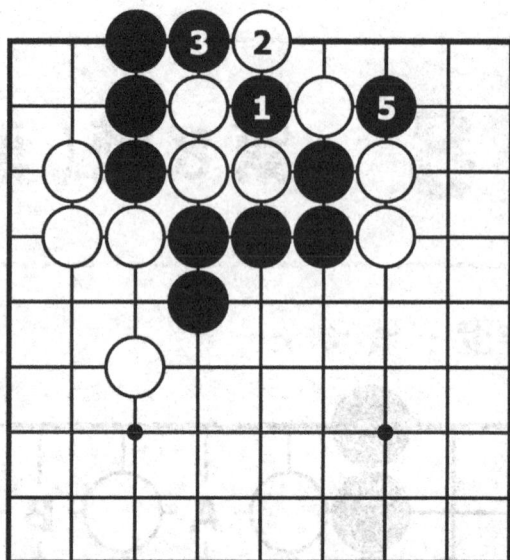

④ = ❶

错 解

✕

黑 1 选择错误。白
2 是冷静的手筋，
如此黑棋被吃。

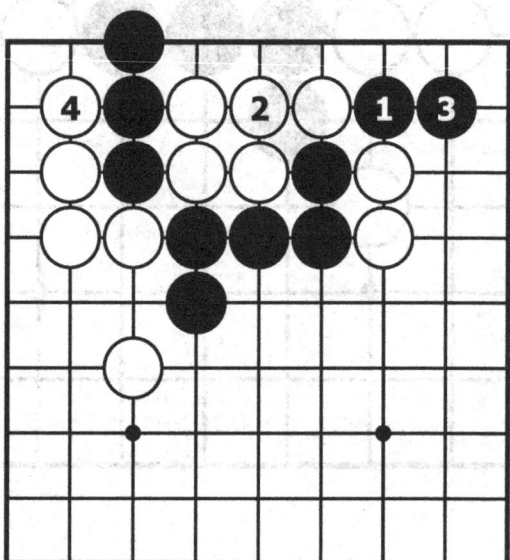

9 第9题（黑先）

难度：★★

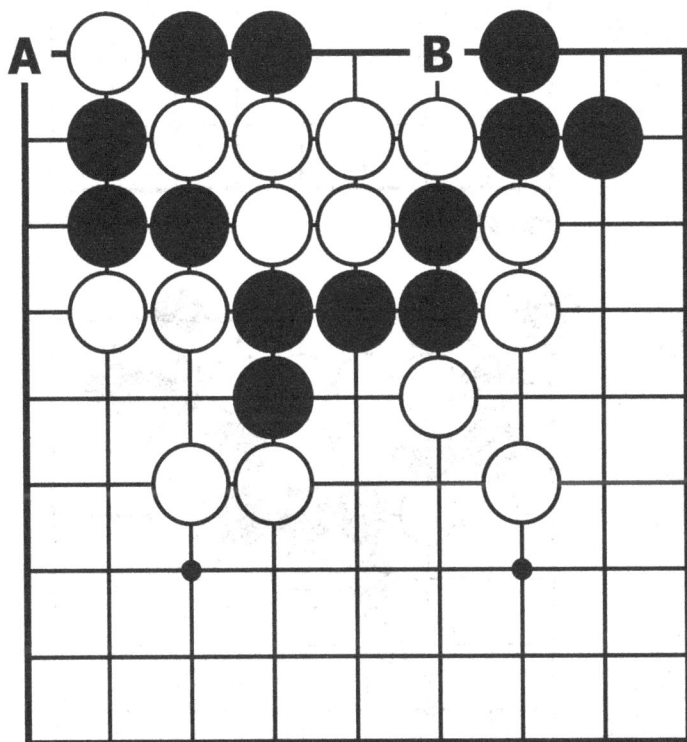

想一想，如何利用「扑」来紧气，在正确选项后面的括号中画「∨」。

A（　　）　　B（　　）

正解

○

黑 1 选择正确。
利用弃子的手筋
收紧白棋的气，
可以吃掉白棋。

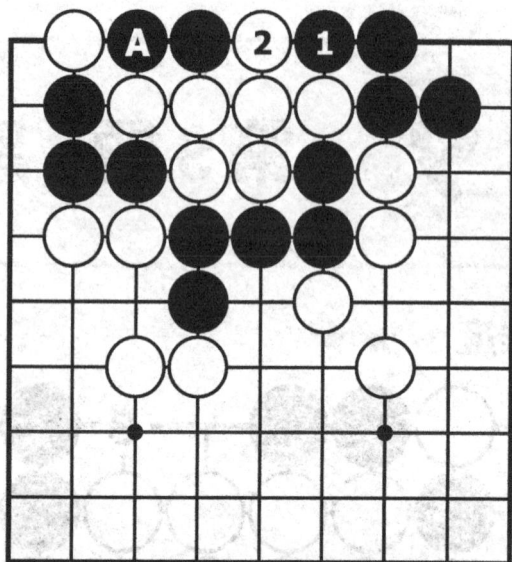

3 = A

错解

×

黑 1 选择错误。
此处并没有收住
白棋的气，白 2
后，黑棋被吃。

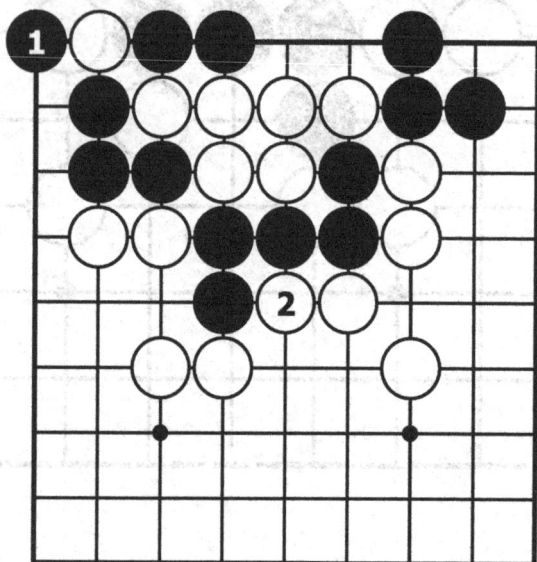

10

第10题（黑先）

难度：★★

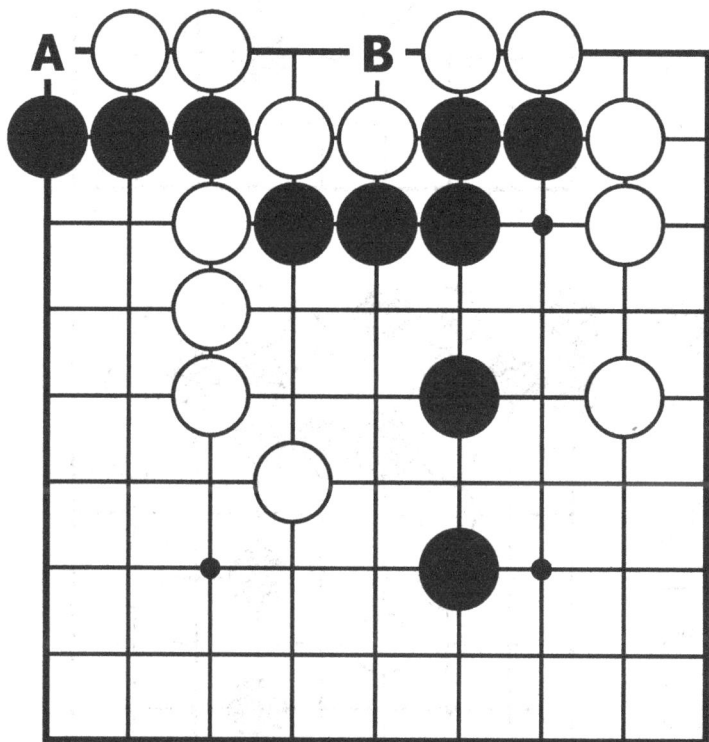

想一想，如何利用「扑」来紧气，在正确选项后面的括号中画「√」。

A（　　） B（　　）

正解

⭕

黑1选择正确。
利用弃子的手筋
收紧白棋的气,
可以吃掉白棋。

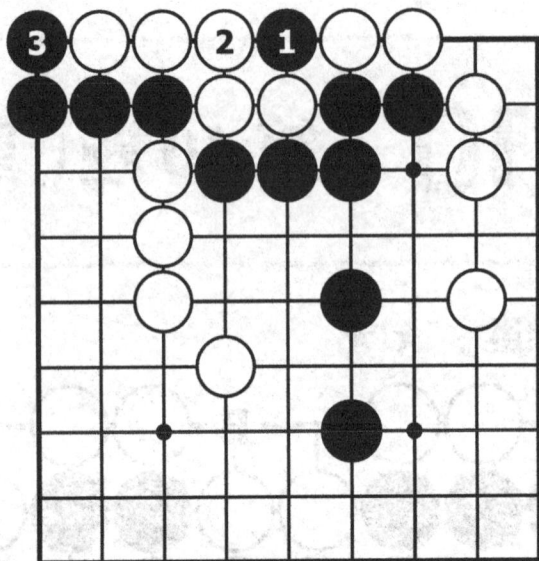

错解

❌

黑1选择错误。
直接收气显然不
行, 白2联络后,
黑棋被吃。

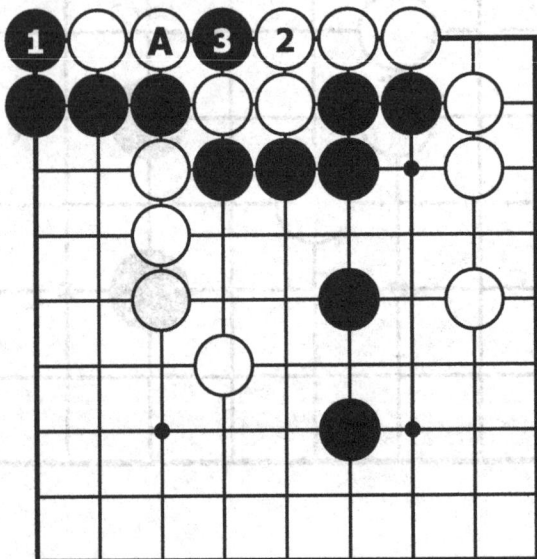

④ = Ⓐ